리오타르,
왜 철학을 하는가?

리오타르,
왜 철학을 하는가?
Pourquoi Philosopher?

장-프랑수아 리오타르, 소르본 대학 강연집

장-프랑수아 리오타르 지음
코린 에노도 해제
이세진 옮김
이성근 감수

북노마드

1. 다음 본문은 자크 두세 인문도서관 JFL 291/2 서가에 보관되어 있던 타자 원고를 책으로 엮은 것이다. 이 원고는 장-프랑수아 리오타르의 강연을 받아 적은 후에 한 번 교정을 본 것이었다. 자크 두세 인문도서관 JFL 291/1 에는 교정 전의 첫번째 타자 원고도 있다. 여기에는 리오타르 본인의 친필 주석이 상당히 많이 달려 있었지만, 이 주석들은 모두 수정이나 변형 없이 두번째 원고에 취합, 반영되었으므로 두 원고의 차이를 군이 알릴 필요는 없었다. 하지만 꼭 필요하다고 생각되는 경우에 한해서 편집부가 몇 군데 추가로 교정을 보았다(잘못된 구두점, 빠진 인용부호 등). 그리고 강연에서 간략하게 소개만 하거나 부정확하게 언급하고 넘어간 인용문들도 원문을 찾아 넣었다(이 인용문들은 《 》로 표시하였다). 또한 강연의 구어적인 성격을 그대로 살리기 위해 편집부에서 아무런 주석을 달지 않았음을 알려둔다.

2. 일러두기 1번은 원서를 번역한 것으로, Presses Universitaires de France가 표기한 것이다. 한국어판에서는 "강연에서 간략하게 소개만 하거나 부정확하게 언급하고 넘어간 인용문들"은 《 》가 아닌 다른 서체로 바꾸어 표시하였다.

차례

▶ 우리나라의 학부제와 비슷하게 프랑스 대학도
한때 문학부, 이학부 신입생들이 1년간 비교적
광범위한 교양 수업을 듣게 되어 있었다. 예비 교양
과정제Propédeutique는 1948년에 신설되어 1966년에
폐지되었다. (옮긴이)

이 예비 교양 과정제는 학생들을 '위한'
강연이라기보다는 의무적으로 이수해야 하는
것으로 '주어진/부여된' 강연이라고 할 수 있다.
강연을 관통하는 전반적인 개념의 흐름은 철학과
결부된 욕망-기원-말함-행동이다.

교양 과정 학생들에 대한 강연임에도 불구하고
étudier philosophie라는 표현을 쓰는 것이 아니라,
philosopher라는 동사형 자체를 쓰고 있다는 것이 이
강연의 특징이다. 1강에서 철학이라는 말의 의미를
풀어나간 후에 최종적으로 4강에서 '실천/행동'을
강조하는 맥락은 매우 중요하다. 철학이 단순한
지식적 공부의 대상이 아니라, 욕망의 실천에
있다는 점이 드러나기 때문이다. (감수자)

한국어판의 제목은 '왜 철학을 하는가?'로
정했다. 리오타르의 강연 내용, 즉 철학을 지식의
대상이 아니라 실천에 방점을 찍었다는 것을
감안한다면 '철학을 하는가'라는 목적어 표현보다
'철학하는가'라는 표현이 적절할 것이다. 그러나
우리말의 느낌을 최대한 고려해 '철학을'로
정했음을 밝혀둔다. (편집자)

왜
철학을
하는가?

4회에 걸친 소르본 대학 예비 교양 과정
강연(1964년 10~11월)

1. 왜 욕망하는가?

여러분도 알다시피 철학자들은 '철학이란 무엇인가?'라는 물음을 검토하면서 가르침을 펴는 습관이 있습니다. 매년, 철학을 가르치는 모든 기관들에서 철학 수업을 담당하는 이들은 꼭 이렇게 자문합니다.

철학은 어디에 있습니까?
대체 철학이란 무엇입니까?

지그문트 프로이트Sigmund Freud는 "어딘가에 놓아둔 물건을 찾지 못하는 것"도 실착 행위acte manqué에 속한다고 했습니다. 철학자들이 철학을 강의할 때마다 반복하는 이런 유의 첫번째 강의는 일종의 실착 행위와 비슷합니다. 철학은 자기를 놓친 채 혼선을 빚습니다. 우리는 원점zéro에서부터 철학을 찾아 나서지만 자꾸만 철학을

▲ 여기서 실착 행위란 독일어 Fehlleistung의
역어로서 '실수' 정도로 이해하면 된다. (감수자)

잊어버리고 철학의 위치를 망각합니다. 철학은 나타났다
가 사라졌다 합니다. 철학은 스스로를 은폐합니다. 실착
행위는 이렇게 어떤 대상이나 상황이 의식에 대하여 은
폐되는 것, 일상적 삶의 조직 안에서의 중단, 일종의 불
연속성입니다.

　　우리는 "철학이란 무엇인가?"가 아니라 *왜 철학하
는가?*라는 질문을 제기함으로써 철학이 자기에게 갖는
불연속성, 철학의 부재 가능성을 강조합니다. 대부분의
사람들 그리고 이 자리에 앉은 여러분들에게도 철학이
학업과 삶이라는 주요 관심사에 들어와 있지는 않을 것
입니다. 심지어 철학자조차도 철학을 늘 새삼스럽게 기
억하고 복원할 필요가 있습니다. 그건 철학이 침잠하기
때문이요, 철학자의 손가락 사이로 빠져나가기 때문입니
다. 그런데도 왜 철학을 *하는* 걸까요? 의문부사 *왜pourquoi*
는 적어도 ~을 *위하여*, ~에 *대하여pour*라는 단어로써, 보
어complément 혹은 속사attribut 의 뉘앙스를 상당 부분 지
시합니다. 그러나 이 뉘앙스는 금세 동일한 구멍, 즉 부

사의 의문사로서의 효력이 파놓은 구멍으로 빠져나가버립니다. 그 효력은 질문의 대상에게 놀라운 위치를 부여합니다. 그 대상은 본연의 존재가 아닐 수도 있고, 아예 존재하지 않을 수도 있다는 겁니다. '왜'라는 단어는 그것이 질문하는 바를 망각하게 하는 속성이 있습니다. 이 물음 속에는 의문시되는 대상의 실재적 현존(우리는 철학을 하나의 사태, 실재로 간주하니까요)과 가능적 부재가 함께 들어와 있습니다. 철학의 삶과 죽음은 동시에 존재합니다. 우리에게 철학은 있기도 하고 동시에 없기도 합니다.

　어쩌면 철학의 존재의 비밀은 이 모순적이고 대조적인 상황에 있는 듯합니다. 철학하는 행위와 현존-부재 구조의 우연적 관계를 좀더 이해하기 위해서 다소 앞서

◁ 속사는 어떤 단어(주어와 직접목적보어)의
성질/속성을 나타내는 말로 영어의 보어와 비슷하다.
(편집자)

가는 감이 있지만 욕망*désir*이란 무엇인가를 살펴보면 도움이 될 것 같습니다. 왜냐하면 철학philosophie에는 *사랑한다는 것philein*, 즉 '좋아하다, 욕망하다'가 들어 있기 때문입니다.

나는 욕망에 대해 두 개의 주제를 제시하고자 합니다.

1. 사람도 그렇지만, 철학은 어떤 문제 제기 방식들을 받아들인다는 한에서 욕망에 대한 문제를 주체와 대상, 욕망하는 것과 욕망 당하는 것의 이원성이라는 관점에서 고려하는 습성이 있습니다. 욕망에 대한 물음은 욕망할 만하기에 욕망이 일어나는가, 아니면 욕망하기 때문에 욕망할 만한 것이 되는가의 물음으로 금세 넘어가 버립니다. 어떤 여자가 사랑스럽기 때문에 그녀를 사랑하는가, 아니면 그녀를 사랑하기 때문에 그녀가 사랑스러운 것인가를 알 수 있느냐 없느냐와 마찬가지죠. 이렇게 질문하는 방식이 인과성의 범주에 속한다는 것을(우

리가 욕망할 만한 것이 욕망의 원인인가, 아니면 그 역逆
인가), 그리고 사물에 대한 이원론적 시각에 해당한다는
것을(한쪽에는 주체가 있고 다른 쪽에는 대상이 있는데
이 둘은 서로 상대에게 없는 속성을 지닌다), 바로 그래
서 문제에 진지하게 다가가지 못한다는 것을 알아야 합
니다. 욕망은 원인과 결과라는 관계를 맺어주지 않습니
다. 그러나 욕망은 자신에게 없는 것을 향해서 나아가듯
타자에게로 향하는 움직임입니다. 이 말은 *타자autre*가 ─
원한다면 '대상'이라고 불러도 좋습니다. 하지만 타자가
진정으로 욕망된 대상일까요? ─ 욕망하는 것에 현존하
되, 부재라는 형식으로 현존한다는 뜻입니다. 욕망하는
것에는 어떤 결여된 것이 있습니다. 만약 그게 있다면,
즉 결여된 게 없다면 아예 욕망하지도 않겠지요. 욕망의
주체는 그것을 가지고 있지도 않고, 그것을 알아차리지
도 못합니다. 그렇지 않다면 역시 욕망하지 않을 테니까
요. 주체와 대상의 개념을 가져와 생각한다면, 욕망의 움
직임은 이른바 대상을 이미 욕망 속에 있는 것인 양 드

러냅니다. 물론 그렇다고 해서 그 대상이 정말로 거기에 '직접' 존재하지는 않습니다. 이른바 주체는 자신을 뭔가 정의되지 않고 완성되지 않은 것으로서 규정하고 완성하기 위해 타자를 필요로 합니다. 주체가 타자에 의하여, 부재에 의하여 규정되어 있다는 얘기입니다. 요컨대 이쪽이나 저쪽이나 모순적이지만 대칭적인 구조를 띠고 있습니다. '주체'에게는 자기 현존의 중심에 욕망되는 것의 부재, 자신의 결핍이 있습니다. 욕망하는 존재 속의 비-존재non-être가 있어요. 그리고 '대상'에는 현존이 있습니다. 욕망하는 자에게는 부재를 바탕으로 하는 현존(추억, 희망)인 것입니다. 대상은 여기서 욕망된 것으로써, 따라서 소유되고 속함으로써 존재합니다.

    2. 여기서 우리의 두번째 주제가 파생됩니다. 욕망의 본질은 현존과 부재를 조합하는 구조에 있습니다. 이 조합은 결코 우발적인 게 아닙니다. 현존하는 것이 자기에 대해서 부재하든가 부재가 존재하는 한에서 욕망이

존재합니다. 욕망은 진정 현존의 부재에서, 혹은 부재의 현존에서 일어나고 수립됩니다. 여기 있는 그 무엇이 존재하지 않으면서 동시에 존재하기를 원합니다. 자기와 일치하고 자기실현을 이루기 원합니다. 욕망은 현존과 부재를 한데 뒤섞지 않으면서 함께 지탱하는 바로 그 힘일 뿐입니다.

소크라테스는 『향연』▼에서 만티네아의 무녀 디오

▲ 주연酒宴이 마련된 장소를 배경으로, 술을 섞어 사랑 이야기를 들려주는 플라톤의 통찰력이 빛을 발하는 작품. '심포지온Symposion'이라는 제목 그대로 '함께 모여 술 마시는' 만찬장에서 소크라테스를 비롯한 참석자들이 '에로스'에 대한 각자의 생각을 나누는 것으로 이루어져 있다. 아가톤이라는 배우의 수상 축하를 위해 그의 집에 모여 술자리를 펼치며 한 명씩 에로스를 찬양하는 발표회를 열자는 것으로 이야기가 시작된다. 아가톤은 에로스는 아름다운 것이자 어떤 대상에 대한 사랑이라고 주장하지만, 소크라테스는 어떤 대상을 사랑하려면 스스로 결핍되어 있어야 한다는 논리로 비판한다. 소크라테스는 '디오티마'라는 무녀의 입을 빌려 이데아 설을 주장하는데, 아름다움에는 어떤 '본질'이 있는데, 이것을 직관하면 불사의 존재가 된다는 주장으로 이야기를 마친다. (편집자)

티마Diotime가 자신에게 에로스, 즉 사랑의 탄생을 다음과
같이 이야기해주었다고 말합니다.

그 이야기를 하자면 길지만 그래도 말씀드리지요.
아프로디테의 생일에 신들이 축하 잔치를 벌였습
니다. 그들 가운데 메티스의 아들 포로스도 있었답
니다. 식사가 끝난 후에 페니아가 구걸을 하러 왔어
요. 그렇게 풍성한 잔치에는 페니아가 으레 찾아와
구걸을 하곤 했지요. 당시에는 포도주가 없었기에
포로스는 넥타르를 마시고 취하여 제우스의 정원
에 들어가 곤히 잠들어 있었습니다. 궁핍에 시달리
던 페니아는 포로스의 아들을 낳을 생각을 했습니
다. 그래서 페니아는 포로스 옆에 가서 동침하고 에
로스를 잉태하게 되었지요. 바로 그 때문에 에로스
는 아프로디테의 동반자이자 그의 시동이 된 것입
니다. 아름다움의 여신인 아프로디테의 생일을 기
리는 잔치에서 잉태되었기 때문에 자연스럽게 아

름다운 것을 사랑하게 된 것이지요.

-『향연』203 b-c

디오티마의 말대로라면 에로스의 조건과 운명은
분명히 부모에게서 물려받은 특성에서 비롯됩니다.

에로스는 포로스와 페니아의 자식이기 때문에 다
음과 같은 조건에 처할 수밖에 없습니다. 우선 에로
스는 언제나 가난해요. 사람들이 대부분 생각하는
것처럼 아름답거나 섬세하지도 않아요. 그는 되레
거칠고 뻣뻣하며 맨발로 걸어다니고 보금자리도
없습니다. 그는 방바닥을 요 삼고 하늘을 이불 삼아
길가나 문간에 누워 잡니다. 이것은 그가 제 어미를
닮아 언제나 궁핍하기 때문이지요. 반면 부친을 닮
은 데도 있어서 아름다운 것과 좋은 것을 손에 넣기
위해 곧잘 계책을 꾸밉니다. 그는 용감하고 결단력

있으며 열정적이고, 으뜸가는 사냥꾼이며, 쉴새없
이 모략을 짜냅니다. 그는 지혜를 갈구하고 지혜에
이르는 길을 찾을 줄도 알지요. 그는 언제나 지혜를
사랑하며 또한 놀라운 마법사이자 주술사이자 소
피스트이기도 합니다. 에로스가 그 본성상 필멸의
존재도 아니고 불멸의 존재도 아니라는 점을 덧붙
일게요. 그는 단 하루 동안에도 꽃처럼 활짝 피어나
살아 있다가 금세 죽어버리기도 하지요. 그후에 부
친에게서 물려받은 자질이 샘솟는 덕분에 또다시
살아나기도 합니다. 하지만 그 자질은 끊임없이 그
를 통과해 빠져나가요. 그래서 에로스는 절대로 완
전히 빈곤하지도 않고 완전히 풍요롭지도 않은 상
태에 있는 겁니다.

-『향연』203 c-e

디오티마의 이야기, 즉 에로스의 탄생 신화는 분명
히 풍부한 단초들을 품고 있습니다. 우리는 적어도 다음의 사실을 알 수 있지요.

◇ 일단 에로스는 아프로디테의 탄생일에 수태되었습니다. 아프로디테는 아름다움의 여신이고 아름다움은 사랑의 대상이지요. 욕망과 욕망할 만한 것에 대한 일종의 앎이 여기에 있습니다.

◇ 그다음으로 에로스의 본성이 이중적이라는 것을 생각해볼 수 있습니다. 에로스는 신이 아니지만 인간도 아닙니다. 신들의 잔칫상에 함께했던 아버지 쪽으로 보자면 신이고, 넥타르라는 신성한 음료의 취기 때문에 생긴 자식이지만 구걸을 하며 궁핍하게 살았던 어머니 쪽으로 보자면 인간, 즉 필멸자必滅者이지요. 따라서 그는 삶이자 죽음입니다. 플라톤은 에로스의 생애에 갈마드는 삶과 죽음을 특히 강조하는데요. 에로스는 마치 불사조와 같습니다. "[내 사랑이] 저녁에 죽어도 아침이면 다시 태어난다는 것을." (아폴리네르, 「사랑받지 못한 사내

의 노래」, 『알콜』 18.) 우리는 조금 더 멀리 나아갈 수도 있습니다. 욕망은 빈곤하기 때문에 능수능란해야 하지만 그의 발상들은 항상 실패로 끝나게 마련입니다. 다시 말해 에로스는 죽음과 빈곤의 법칙 아래 있기에, 자기 안에 죽음을 품고 있다는 바로 그 이유 때문에, 끊임없이 거기서 빠져나가 삶을 재발견할 필요가 있습니다.

◇ 마지막으로 욕망은 남성인 동시에 여성이고, 삶인 동시에 죽음입니다. 플라톤의 텍스트 안에서 삶-죽음이라는 대조적인 한 쌍이 적어도 어느 정도는 남성-여성이라는 쌍과 동일시된다는 뜻으로 하는 말입니다. 에로스의 아버지는 욕망을 통하여 대상의 사랑을 끌어당기는 것, 즉 둘의 결합을 상징하는 반면, 어머니 페니아는 둘이 거리를 두게 하는 것을 구현합니다. 이 텍스트에서 인력引力이 남성적이라면 척력斥力은 여성적입니다. 지금이 자리에서 이 주제를 깊이 다룰 순 없지만, 에로스가 으레 수컷으로 통한다고 해도 실제로는 남성이자 여성이

라는 점은 기억해야겠습니다.

　　프랑스 정신분석학회 발표(1956년 5월, 『정신분석 La Psychanalyse』, 2, 139 sq.)에서 자크 라캉의 제자 세르주 르클레르Serge Leclaire는 히스테리 징후의 특징이 '나는 남성인가, 여성인가?'라는 말로 표현되지 못한 질문에 있다면, 강박증의 징후는 '나는 살았는가, 죽었는가?'로 정식화된다고 보았습니다.

　　이렇게 우리는 신경증의 현대적인 해석에서 디오티마가 에로스를 통해서 살펴보았던 삶 그리고 성性의 이중적인 애매성을 동일하게 재발견합니다. 병病은 이러한 불확실성을 나타내는 것으로서 작용합니다. 병자는 자기를 삶에 집어넣어야 할지 죽음에 집어넣어야 할지 모르고, 남성성과 여성성 중 어느 쪽으로도 분류하지 못합

◁ 두 물체가 서로 밀어내는 힘. 반발력이라고도 한다. 인력(서로 당기는 힘)의 반대 개념이다. (편집자)

니다. 질병의 계시는 플라톤이 오늘날에도 시사하는 바가 있다는 증거를 우리에게 제시하고, 프로이트의 연구가 얼마나 철학의 중심 문제들과 맞닿아 있는지 보여주는 데 그치지 않습니다. 그 계시를 통해서 우리는 르클레르의 말대로 *예*와 *아니오*, 신경증 속에서 서로 거리를 두고 바라보는 대조적인 한 쌍이 우리 삶을 지배한다는 것을(비단 애정생활뿐만 아니라) 이해하게 됩니다. 우리가 사물들, 우리 자신, 타자들, 시간, 말parole의 표면을 대할 때조차도 그것들의 이면이 부단히 우리에게 현존한다는 것을 이해하게 되지요. "현존과의 모든 관계는 부재를 바탕으로 이루어진다."(라캉) 그래서 본질상 이 대립을 자신의 결합 속에 품고 있는 욕망이야말로 우리의 주인 Maître입니다.

그래도 욕망이라는 말을 어떻게 이해해야 하는지, 우리가 욕망을 말할 때에 무엇에 대해서 말하는 것인지 자문할 필요가 있을까요?

여러분은 이미 여기서 흔히 통용되는 기존의 생각을 벗어버려야 한다는 것을 깨달았겠지요. 가령 에로스의 영역, 성의 영역이 다른 영역들과 별개로 존재한다든가, 애정생활에는 애정생활만의 문제들이 있고 경제생활에는 또 경제생활만의 문제들이 있으며 지적인 삶은 사변적인 물음들에 한한다든가 하는 생각 말입니다. 그런 생각이 뚱딴지처럼 튀어나온 건 아닙니다만, 그 문제는 나중에 설명하고자 합니다. 하지만 프로이트의 저작이 여러분도 알다시피 크나큰 울림을 갖고 지금까지도 그 울림이 이어지고 있는 이유는 성을 사방으로 끌어들여서가 아닙니다. 그러한 태도는 일부 마르크스주의자들이 경제학을 걸핏하면 아무데나 끌어들이는 태도와 마찬가지로 사태를 명쾌하게 설명해주지 못합니다. 프로이트의 작품은 성생활을 제 본거지에서 끌어내어 애정생활, 사회생활, 종교생활과 비로소 소통하게 만들었기 때문에 그러한 반향을 불러일으킬 수 있었습니다. 여타의 모든 활동을 리비도로 환원해서가 아니라 행동방식들의 구조

를 심화했기 때문에, 모든 활동에 공통적인 상징체계를
드러냈기 때문에 가능했던 것입니다.

　욕망이 인력/척력의 대립과 맺는 관계라는, 오늘
우리가 이야기하는 주제를 떠나지 않고도 풍부한 예를
들어가며 설명할 수 있겠는데요. 시작하는 차원에서 에
로스라는 주제에 머무르면서 여러분 가운데 가장 문학적
인 이들에게 와 닿을 만한 예로『사라진 알베르틴Albertine
disparue』을 생각해봅시다. 여기서 프루스트가 말하는 것
은 특수한 표시indice를 지닌 욕망, 즉 저물어가는 욕망입
니다. 그것은 빈곤의 아들로서의 에로스, 욕망에 들어와
있는 죽음의 무게입니다. 프루스트는 분리의 절정을 기
술하고 분석합니다. 이 분리는 알베르틴의 죽음에서 비
롯하지만, 여기에는 그녀가 살아 있을 때 마르셀의 질투
로 인하여 유지되었던 분리도 겹쳐 있습니다. 알베르틴
의 죽음은 욕망의 특수한 결정을 낳는데, 그게 바로 애
도입니다. 그러나 죽음이 욕망을 없애지는 않습니다. 질
투는 고인이 된 여인에 대해서도 여전히 의심을 불러오

지요. 그런데 질투 그 자체는 어떻게 보면 살아 있는 여인을 죽이는 일, 그녀의 현존을 멀리 떼어놓는 일입니다. 현존하는 여인 이면에서 나는 '동일한 다른 여인même femme autre'을 봅니다. 나는 그녀의 현존을 무화하고 내가 알지 못하는 그녀의 이미지를 만들어냅니다. 여기서 부재는 이미 마르셀의 질투가 낳은 현존하는 알베르틴의 부재입니다. 여기에 죽음에서 비롯된 부재, 알베르틴의 지속적인 현존으로 유지되는 부재가 겹치는 거예요…….

　자, 여기서 욕망에 접근하기에 용이한 예와 직관적인 설명을 볼 수 있습니다. 하지만 『잃어버린 시간을 찾아서』라는 책 전체가 동일한 석양빛에 물들어 있음은 분명합니다. 뼈와 살을 지닌 존재로 파악하지 못하는 것은 한 여인뿐만이 아니라 무너져가는 사회, 세월이 알아볼 수 없게 만들어버린 타자들, 무엇보다 순간들을 한데 모으기보다는 흐트러뜨리는 시간이기도 합니다. 황혼, 아마도 프루스트가 그의 책을 통해서 우리에게 주고 싶었을 가르침은 젖혀두고 우리의 주제 중 하나를 살펴봅시다. 아마도 여러분 가운데 역사가의 소양을 갖춘 사람들에게 민감하게 다가올 주제, 즉 역사와 사회에도 끌어당기기와 밀어내기가 교대로 갈마들기 때문에 그 둘 모두 욕망의 소관이라는 생각이 바로 그것입니다.

적어도 서양 역사를 다수 사회 단위들(개인들 혹은 사회계급 같은 집단들)이 모순적인 움직임을 통하여 자기 자신과의 결합을 추구했다가 그르쳤다가 하는 것으로 독해해도 크게 위험하지는 않을 겁니다. 이 역사는 오늘날까지도 — 사회들 속에서나 사회들 사이에서나 — 분산과 통합의 교대로 나타납니다. 그러한 교대는 욕망의 교대와 근본적으로 상응하지요. 에로스가 궁핍에 빠지지 않기 위해서 아버지를 통해 신들에게 물려받은 온갖 능수능란함을 필요로 하듯이, 문명은 죽음, 다시 말해 가치관의 궁핍에 위협당하고 사회는 불연속성, 부분들 사이의 소통 단절에 위협당하기 때문에 아무것도 습득될 수 없고 문명이나 사회나 회복되어야 할 필요, 디오티마가 말하는 에로스의 약동élan으로 규합되어야 할 필요가 늘

절실한 까닭입니다. 디오티마는 포로스의 아들이 "온 힘을 다하여 앞으로 나아간다"고 하지 않았습니까. 사회성과 역사성에 있어서 우리 또한 죽음을 바탕으로 살아가고 욕망에 귀속되기는 마찬가지입니다. 따라서 우리가 욕망이라는 말로 이 항들을 합치는 동시에 분리하는 관계, 한 항이 다른 항 안에 존재하게 하는 동시에 다른 항 밖으로 끌어내기도 하는 관계를 뜻한다는 점을 분명히 해야만 합니다.

이제 다시 철학으로 돌아가서 우리가 욕망에서 끌어낸 두 가지 특성이 과연 철학에도 부합하는지 시험을 해보기로 합시다. 그럴 때 어떻게 철학이 '사랑함philein' 인지 좀더 잘 이해할 수 있을 것입니다.

『향연』의 끝부분에서 알키비아데스는 술에 잔뜩 취해(그는 자기 입으로 진리는 술에 있다고 말하지요) 소크라테스에 대한 찬사를 늘어놓습니다. 그는 소크라테스와 동침을 하려고 했었지요. 이 초상화의 한 부분이 왜 철학을 하는지 이해하고자 하는 우리의 주목을 끌 만합

니다. 그건 바로 알키비아데스가 이렇게 말하는 대목인
데요. 소크라테스는 늘 잘생긴 젊은이들과 어울려 지내
는 데 열심이었기 때문에 알키비아데스는 소크라테스가
자기를 좋아한다고 확신하고 그에게 유혹에 넘어갈 기
회를 주기로 작정합니다. 그리고 소크라테스는 이 기회
를 마주하고서 두 사람의 상황을 이런 식으로 설명하지
요. "요컨대 자네는 나에게서 자네의 아름다움보다 더욱
비범한 아름다움, 상이한 차원에 숨겨져 있는 정신의 아
름다움을 발견했다 생각한 게지. 그리고 자네의 아름다
움을 나에게 주고 자네는 나의 아름다움을 갖는 식으로
거래를 하고 싶은 게야. 적어도 내가 정말 자네 짐작처럼
숨겨진 아름다움을 지니고 있다면 자네에게도 무척 유
익한 일이 되겠지. 다만 정말로 그럴지는 모르는 거라네.
그러니 우리 함께 잘 생각해보세."

　알키비아데스는 소크라테스가 거래를 받아들였다
생각하고 그에게 외투를 덮어주고는 그 안으로 파고들어
찰싹 달라붙습니다. 그런데 밤이 다 가도록 아무 일도 없

었다고 알키비아데스는 말하지요. "아버지나 형과 함께
잔 것과 마찬가지로" 별다른 일은 일어나지 않았습니다!
알키비아데스는 덧붙여 이렇게 말합니다. "나는 화를 낼
수도, 이분과의 교제를 끊을 수도 없었어. 그렇다고 어떻
게 하면 이분을 내가 원하는 식으로 유혹할 수 있을지도
알 수 없었지. [⋯] 나는 어쩔 수가 없었어. 결국 나는 이
분의 노예처럼 되어버렸지. 아무도 이런 식으로 노예가
된 적은 없을 거야. 그렇게 나는 이분 주위를 맴돌기만
했어!" (『향연』 219 d-e)

　　알키비아데스는 이 이야기를 통해서 우리에게 어
떤 게임jeu, 즉 욕망의 게임을 개괄적으로 보여줍니다.
그의 귀중한 순진무구함이 이 게임에서 철학자가 차지
한 위치를 잘 드러내주지요. 이제 조금 더 면밀히 살펴
볼까요.

　　알키비아데스는 소크라테스가 자기를 좋아한다
고 믿었고, 소크라테스가 아는 모든 것을 얻기를(『향연』
217 a) 욕망했습니다. 그래서 그는 교환을 제안합니다.

자신이 애정의 표시로 몸을 맡기면 그 대가로 소크라테스는 지혜를 내놓는 것입니다.

이 전략에 몰린 소크라테스는 어떻게 합니까? 그는 전략을 무력화하려고 하지요. 여러분도 보게 되겠지만 그는 여전히 매우 애매하게 응수합니다.

소크라테스는 알키비아데스의 제안을 거절하지 않습니다. 그의 논증을 반박하지도 않습니다. 자기가 알키비아데스를 좋아한다는, 분명히 시건방진 상대의 억측을 꼬집어 야유하지도 않습니다. 거래 계획 자체에 분노하지도 않고, 그저 알키비아데스의 '사업 감각'을 살짝 빈정거리는 듯한 낌새를 보일 뿐입니다.

소크라테스는 '구리를 금으로 바꾸는' 거래에 의문을 품고 도대체 어디에 금이 있다는 건지 큰소리로 자문했을 뿐입니다. 그게 전부였지요. 알키비아데스는 가시적인 것, 즉 본인의 아름다움과 소크라테스의 지혜라는 비가시적인 것을 교환하기 원했습니다. 그는 굉장히 큰 위험을 무릅쓴 겁니다. 만약 소크라테스에게 지혜가 없다면 몸을 맡겨봤자 아무것도 못 얻는 거잖아요. 구리를 금으로 바꾸는 이 거래는 일종의 내기, 그것도 판돈을 전부 잃느냐 따느냐가 아니라 운이 좋으면 전부 거둬들이지만 최악의 경우에는 사중손실死重損失이 되는 내기입니다. 무모한 모험이지요.

　　여러분이 보다시피 소크라테스는 자기 패를 다 보여주고 어차피 그 카드들로는 확실히 이길 수 없다는 것을 밝힌 후에 알키비아데스의 카드를 장악하는 듯 보입니다. 현물거래 상황이 아니라 신용거래 상황이고 외상을 하려는 상대(이 경우에는 소크라테스가 되겠지요)에게 확실한 지불 능력이 없음을 보여준 겁니다. 소크라테스는 자기 수를 다 보여주었지만, 그는 그냥 '반칙'을 한 겁니다. 알키비아데스의 전략은 아름다움과 지혜의 거래에 달렸는데, 소크라테스가 대가를 내놓을 수 있을지 확실하지 않다고 선언하기 때문에 더이상 아무 일도 일어날 수 없습니다. 그러나 알키비아데스는 이 선언이 본심을 숨기고 있다고 해석했기 때문에 이번에는 말이 아닌 행동으로 최초의 제안을 되풀이합니다. 그런데 그가 외투 속에서 만난 이는 연인이 아니라 그 자신의 말마따나 아버지였지요! 소크라테스는 신중한 태도를 견지하고 알키비아데스는 오류에 빠집니다.

우리는 알키비아데스가 소크라테스의 태도를 또다시 자기보다 한 수 위의 전략으로 해석하면서 끝까지 오류에서 벗어나지 못하는 모습을 봅니다. 그는 철학자를 정복하고 싶어했으나 되레 정복당합니다. 소크라테스를 지배하려 했으나(작전대로라면 본인의 아름다움과 소크라테스에게서 획득한 지혜를 소유하게 되었을 테니까요) 종국에는 소크라테스의 노예가 되고 맙니다. 그는 소크라테스가 자기보다 꾀바르다고 주장합니다. 게임 초반부에 알키비아데스가 소크라테스와 자신에게 부여했던 역할들은 역전되었습니다. 사랑하는 자는 이제 소크라테스가 아니라 알키비아데스입니다.

소크라테스가 있는 자리에서 이런 식으로 이야기를 풀어놓는 것 자체가 맨 처음 제안을 하게 만든 착각의 재

탕에 불과할지도 모릅니다. 알키비아데스는 실제로 소크라테스 옆에서 잠을 잤고 더구나 밤을 같이 보냈으니 그것만 해도 아무 일도 아닌 건 아니지요. 그는 좀더 멀리까지 나아가지만 동일한 전략을 벗어나지 못합니다. 그는 소크라테스에게 자기가 완전히 졌고 무방비 상태이기 때문에 아무 위험이 되지 못한다는 점을 납득시키려 합니다. 이제 전혀 두려워하지 않아도 된다고, 거래를 했다하면 소크라테스가 무조건 이익이라고 말하고 싶은 거죠. 이건 마치 5만 냥을 불렀다가 퇴짜 맞은 양탄자 장수가 손님을 쫓아다니면서 "가져가요, 내가 눈 딱 감고 5만 5000냥에 드리리다" 하는 식입니다.

하지만 자연스럽게 튀어나온 이 비유가 우리를 곰곰이 생각해보게 합니다. 이게 정말 알키비아데스의 오류, 그의 착각일까요? 아니면 알키비아데스는 최초의 과정을 되풀이하면서 소크라테스의 게임을 좌절시키는 걸까요? 어쨌거나 노예는 주인의 주인입니다(헤겔). 그리고 노예가 취하는 방법으로는 얻지 못해도 자신을 내어주는 방법으로는 정복할 수 있는 것이 게임, 정념의 가장 멋진 게임이지요. 사실, 알키비아데스는 자기 게임을 한 겁니다. 그의 이치에서는 게임을 잘한 거예요. 왜냐하면 사실은 소크라테스가 궁지에 몰렸으니까요. 그가 제안한 중립화를 끝내 알키비아데스가 받아들이지 않았으니까요.

그렇다면 철학자가 원한 것은 무엇입니까? 자기가 지혜를 가지고 있는지 확실치 않노라 선언한 것은 그저 알키비아데스의 애정을 더 자극하기 위해서였을까요? 소크라테스는 그저 좀더 세련된 유혹자, 타자의 논리에 입각하여 짐짓 부족한 척하는 태도로 타자를 함정에 빠뜨리는 교묘한 게임 상대일까요? 알키비아데스가 생각하기엔 그랬습니다. 우리가 방금 말했듯이 알키비아데스 자신이 그렇게 하려고 했었고요. 아테네 사람들의 생각도 그랬습니다. 그들은 결코 소크라테스가 그네들의 활동, 미덕, 종교, 도시국가에 대해서 질문할 뿐 다른 의도가 없다는 것을 믿으려 하지 않았지요. 그들은 그가 새로운 신들을 아테네에 은밀히 들여오려 한다고 의심해서 사형선고를 내리게 합니다.

소크라테스는 일단 알키비아데스부터도 그렇고 다른 사람들이 무슨 생각을 하는지 잘 알고 있었습니다. 그러나 자신을 한 수 위의 꾼으로 평가하지는 않았습니다. 자기에겐 지혜가 없노라 선언한 것도 소크라테스 자신에게는 꾸며낸 태도가 아니었지요. 오히려 그게 꾸며낸 태도라는 가설이 얼마나 지혜가 부족한지 확인해줍니다. 철학자가 실제로는 지혜로운데 '술책을 쓰려고/관심을 끌려고(intriguer라는 단어의 두 가지 의미에서)' 일부러 반대로 말하는 안이한 책략을 부렸다고 억측한 거잖아요. 그런데 그는 소크라테스가 교환하고 거래할 만한 지혜가 있다는 바로 그 믿음에 열렬하게 매달렸습니다.

소크라테스가 유일하게 추구한 목표는 알키비아데스의 논리를 무력화하는 것이었습니다. 이 무력화가 성공했다면 알키비아데스는 지혜가 거래 대상이 아니라는 것을 알았겠지요. 지혜가 교환할 만한 것을 찾을 수 없을 만큼 귀해서가 아니라 지혜는 결코 자기를 믿지 않기 때문입니다. 지혜는 항상 상실되고 항상 새롭게 부재의 현존을 찾아 나섭니다. 무엇보다도 지혜는 그 자체가 교환에 대한 의식, 의식적인 교환, 대상은 없으며 교환만 있다는 의식입니다. 소크라테스는 지혜를 하나의 소유처럼, 사물처럼, 어떤 '것物, res'처럼 받아들이는 알키비아데스의 논리를 중단시킴으로써 그러한 반성을 불러일으키기 원했습니다. 알키비아데스와 아테네인들의 '사물화 réifiant' 논리에 딴죽을 건 거죠.

그러나 소크라테스는 여기서 대화를 끝내고 공동체와 게임에서 손을 떼고 물러날 수 없습니다. 그에게는 다른 사람들도 이 부재를 인정할 필요가 있습니다. 그는 모두를 상대로 자기 혼자 이겨봤자 자기가 옳은 게 아니라 틀린 거라고, 자기가 어리석은 거라고 잘 알고 있었습니다. 그는 알키비아데스의 공세에 자신의 공백, 자신의 빈틈을 열어 보이면서 알키비아데스 안에도 동일한 빈틈을 만들고 싶어합니다. 자신을 고발한 자들에게 그의 지혜는 자기가 아무것도 모른다는 것을 아는 데 있을 뿐이

라고 말하면서 소크라테스는 다시 한번 반성을 유도합니
다. 나는 소크라테스의 논리, 타자들의 게임 안에서 그가
벌이는 게임이 어떤 것인지 충분히 보여주는 증거가 있
다고 봅니다. 그건 바로 그가 독배를 마시기로 한 것입니
다. 만약 적을 당황스럽게 하는 결정도 순전히 적을 장악
하고 제압할 작정에서만 나왔다면 죽음까지 받아들이지
는 않았겠지요. 그는 기꺼이 죽음을 받아들임으로써 자
기는 진실로 잃을 것도 없고 그의 게임에 아무 꿍꿍이가
없음을 생각하게 만들었습니다.

　　소크라테스는 욕망이 납득되거나 극복되기를 바란
것이 아니라 방향이 바뀌고infléchi 숙고되기를réflechi 바랐
습니다. 다른 사람들은 모르면서 안다고 생각하고 주장
하며 그 때문에 죽어가지만 자신은 자신의 무지를 안다
고 말하면서 요구 안에는 ― 가령 알키비아데스의 요구
에도 ― 요구되는 것 이상이 있음을 증명하기 원했습니
다. 그 '더 많음plus'은 아주 적은 것, 정말 아무것도 아닌
것이지요. 그는 욕망의 가능성 자체가 실제로 부재의 현

존을 표시한다고, 어쩌면 모든 지혜는 그 부재에 귀를 열고 그 부재 곁에 거하는 것이라고 입증하기 원했습니다. 알키비아데스는 지혜를 찾는 대신에 (여러분과 나도 그렇지만) 자신이 왜 찾는가를 찾았더라면 더 좋았을 겁니다. 철학한다는 것은 지혜를 욕망하는 것이 아니라, 욕망을 욕망하는 거예요…… 그 때문에 알키비아데스가 발을 들여놓은 잘못된 길은 어디로도 이르지 않습니다. 그건 하이데거가 말하는 일종의 '숲길Holzweg', 나무꾼이 끌고 가는 나무가 숲 언저리까지 내는 길이지요. 그 길을 거슬러올라가세요. 그 길이 여러분을 숲 한가운데로 인도해줄 겁니다.

그렇다고 해서 소크라테스가 사랑을 하지 않았다는 뜻은 아닙니다. 여러분에게 이미 말했듯이 그는 알키비아데스의 아름다움이 욕망할 만하다는 점을 단 한 번도 부정하지 않았어요. 소크라테스는 정념에서 벗어나라고 가르치거나 절제, 시대를 벗어난 추상적 관념을 전혀 설파하지 않았습니다. 오히려 철학 안에는 사랑이 있습

니다. 사랑은 철학의 수단, 철학의 방책입니다. 그러나 철
학과 철학의 '빈곤'이 다 같이 사랑 안에 있습니다.

철학에는 특수한 욕망이 없습니다. 철학은 어떤 주
제에 대한 사색이 아니요, 별개의 영역 안에 있지도 않습
니다. 철학에는 모든 세상의 정념들이 있습니다. 철학은
헤겔 말마따나 그 시대가 낳은 딸입니다. 그러나 나는 일
단 이렇게 말하면 우리가 앞에서 입증했던 바에 좀더 전
적으로 동의할 수 있으리라 봅니다. 욕망은 아무나 차지
하듯이 철학을 차지합니다……. 철학자는 퍼뜩 정신을
차리고 '사람들은 신(혹은 역사, 우주, 존재 등)에 대한
사유를 잊었어! 내가 그 사유를 맡아야 해!'라고 생각하
는 순박한 사람이 아니에요. 그런 상황은 철학자가 자신
의 문제들을 만들어낸다는 의미가 될 텐데, 만약 정말 그
렇다면 아무도 자기가 말할 수 있는 것에서 갈피를 잡을
수도 없고 실체를 발견할 수도 없게요. 그런데 철학적 담
론과 수백 년 전부터 세상에 일어난 일 사이의 편류가 즉
각적으로 명쾌하지는 않은 반면, 소크라테스의 반어법,

플라톤의 대화편, 데카르트의 성찰, 칸트의 비판, 헤겔의
변증법, 마르크스주의 운동이 끊임없이 우리의 운명을
결정해왔고 지금도 현존하는 문화적 토양에 켜켜이 두
텁게 쌓여 있다는 것을 우리는 압니다. 우리는 이러한 철
학적 말의 각 양태가 서양이 스스로에게 말하고 자기 담
론을 통해서 자신을 파악하고자 했던 한 순간 한 순간에
해당한다는 것을 압니다. 우리는 이 자신에 관한 말하기,
자신에 대한 이 거리가 서구 문명에 대하여 불필요하게
덧붙여진 것, 부수적인 것이 아니고 오히려 서구 문명의
핵심이자 차이점이라는 것을 압니다. 마지막으로, 우리
는 과거의 철학들이 폐기되지 않았다는 점도 압니다. 우
리가 여전히 그 철학들의 소리를 듣고 화답하고 있기 때
문이지요.

　　철학자들은 그들의 문제를 만들어낸 것도 아니고
어리석은 사람들도 아닙니다만, 적어도 이런 측면에서는
저 혼자서만 말한다고 하겠습니다. 그렇긴 하지만 여느
사람들도 그 점은 마찬가집니다. "그것ça, id이 그들을 통

하여 원한다"는 또다른 측면에서, '예'와 '아니오'가 철학
자들의 정신을 빼앗고 사로잡습니다. 이 또한 분리된 것
을 한데 모으는 동시에 쌍을 이루는 것을 떼어놓으려는
욕망의 움직임입니다. 이 움직임이 철학을 관통합니다.
우리는 이 움직임에 자신을 개방하면서, 또한 그렇게 스
스로를 개방하기 위해서 철학을 합니다. 이 움직임에 휩
쓸리게 되기까지는 자못 상이한 접근 방법들이 있을 수
있습니다. 2 곱하기 2(2×2)는 4라든가, 남성과 여성이
커플이 된다든가, 다수의 개인들이 사회를 구성한다든
가, 수많은 순간들이 모여서 지속durée을 이룬다든가, 단
어들의 연쇄가 의미를 발생시킨다든가, 일련의 행동방식
들이 삶을 이룬다든가, 그러면서도 이 결과들은 획득된
것이 아니고 커플, 시간, 말, 다수의 통일성은 여전히 구
성 요소들 속에 깊이 들어와 있으며 그 요소들의 운명에
달려 있다는 사실을 우리는 민감하게 느낄 수 있습니다.
요컨대, 철학은 방위 표시도 위 어디에서 출발하든지 우
리를 덮칠 수 있습니다.

따라서 철학자의 고유한 욕망 따위는 없습니다. 알랭Alain▼이 이런 말을 했지요. "철학에는 어떠한 소재라도 좋다. 그 소재가 철학과 다른 것이기만 하다면!" 그러나 욕망을 마주하는, 철학자에게 특수한 방식은 있습니다. 이제 우리는 그 특수성을 알 겁니다. 욕망은 철학과 더불어 방향을 달리하고s'infléchir, 자신을 다시 돌아보고se réfléchir, 스스로를 욕망합니다se désirer. 이때 욕망은 이러한 의문을 제기합니다. 왜 욕망하는가? 왜 둘인 것이 하나를 이루려 하는가? 왜 하나인 것이 타자를 필요로 하는가? 왜 통일성은 다양성으로 흩어지는가? 왜 다양성은 통일성에 매달리는가? 왜 통일성은 항상 분리를 통하여 주어지는가? 왜 그냥 단순한 통일성, 직접적인 통일성은 없고 한 존재가 타자를 통하여 매개되어야만 하는가? 어째서

▲ 본명은 에밀 오귀스트 샤르티에Emile Auguste Chartier, 고등사범학교를 졸업하고 철학 교사와 에세이스트로서 활동했다. (옮긴이)

분리하는 동시에 통합하는 대립이 모든 것을 지배하는가?

그래서 "왜 철학을 하는가?"에 대한 답은 결코 피해 갈 수 없는 물음 "왜 욕망하는가?" 안에 있습니다. 철학이라는 욕망도 다른 어떤 욕망 못지않게 억제하기 어렵습니다만, 이 욕망은 자신의 움직임을 통하여 부풀어오르고 스스로에게 질문을 제기하지요. 게다가 철학이 사물을 향하여 질문을 던지는 것은 현실réalité을 다루는 것과 다르지 않습니다. 나는 욕망함을 철학한다는 것의 내재성이 이 단어의 기원에서부터 나타난다고 생각합니다. 'sophia'의 어원을 살펴보면 알 수 있는 바, 여기서 어근 'soph-'는 라틴어 어근 'sap-', 'sapere'와 같은 것이고 '알다savoir'와 '음미하다savourer'의 의미에 해당하지요. 'sophon'은 음미할 줄 아는 것입니다. 그런데 음미한다는 것은 사물에 대한 맛보기와 거리 두기를 전제하지요. 맛을 보려면 사물이 내 안에 들어와야 하고 내가 사물과 하나가 되어야 하는데, 그러면서도 판단하고 말을 하려면 거리를 두어야 합니다. 나의 안이자 밖인 이 입에(게다가 입은 말의 장소이기도 하지요) 사물을 두어야만 하는 겁니다. 철학한다는 것은 욕망의 움직임에 충실히 순종하기, 그 움직임 안에 있기, 그러면서도 동시에 욕망의 흐름에서 벗어나지 않고 욕망을 파악하고자 하는 것입니다.

따라서 최초의 그리스 철학이 일자一者와 다자多者의 문제에 사로잡혔던 것은 결코 우연이 아닙니다. 우리는 그 철학자들을 '소크라테스 이전présocratique'의 철학자라는 희한한 명칭으로 부르곤 하지요. 마치 톨텍, 아스텍, 잉카인들을 '콜럼버스 발견 이전의 사람들précolombien'로 명명하는 것과 비슷하다고 할까요. 소크라테스가 철학의 신대륙을 발견하기라도 한 것처럼, 그런데 이미 강성하고 웅대한 사유들이 그 대륙을 차지하고 있다는 것을 알게 되기라도 한 것처럼 말입니다(몽테뉴가 쿠스코나 멕시코 같은 원주민들의 수도에 대해서 말했던 것처럼 말이죠). 이 최초의 철학은 아마 소크라테스와 우리가 말하는 철학과 의미가 다르기는 하겠지만 일자와 다자의 물

음, 곧 욕망의 물음에 천착하는 동시에 로고스Logos와 말
의 문제, 즉 욕망의 자기 자신에 대한 성찰의 문제에도
천착했습니다. 철학한다는 것은 욕망에 자신을 내맡기되
욕망을 그러모아 기록함이요, 그러한 기록은 말과 함께
이루어집니다.

　　오늘날 우리가 "왜 철학을 하는가?"라는 질문을 받
는다면 우리 또한 질문으로 답할 수 있을 것입니다. "왜
욕망하는가? 왜 타자를 찾는 동일자의 움직임이 도처에
존재하는가?"라고 말이지요. 그리고 지금으로서는 늘 이
렇게 말할 수 있을 겁니다. "그것ça이 욕망하기 때문에 우
리는 철학을 한다."

2. 철학과 기원

헤겔은 젊은 날의 저작 『피히테와 셸링의 철학체계의 차이*Differenz des Fichte'schen und Schelling'schen Systems der Philosophie*』(1801)에서 이렇게 썼습니다. "통합하는 힘이 인간들의 삶에서 사라지고 대립들이 그러한 관계와 생생한 상호작용을 잃어버리고 자율성을 획득할 때, 바로 그때 철학에의 욕구가 탄생한다."(라손 편집판 1권, 14.)

"왜 철학을 하는가?"라는 우리의 물음에 완전히 명쾌한 답이 주어졌군요. 통일성을 잃어버리기 때문에 철학의 욕구가 있다고 하지 않습니까. 철학의 기원은 일자一者의 상실, 의미의 죽음입니다.

다만, 일자, 즉 통일성은 왜 상실되었을까요? 어째서 서로 상반되는 것들이 자율성을 띠게 되었을까요? 어쩌다가 통일성 속에서 살아가던 인류, 헤겔이 같은 단락에서 말했듯이 의미작용을 하던 인류가 그 의미를 잃게 되었을까요? 인류에게 세계와 자기 자신은 분명히 어떤 의미가 있었는데 말입니다. 무슨 일이 일어났던 걸까요? 어디서, 언제, 어떻게, 왜?

오늘 우리는 철학의 기원이라는 문제를 살펴보려 합니다. 이 고찰은 서로 다른 두 각도에서 이루어질 텐데요. 우선 철학의 경계, 철학의 기원이라는 위치에서 고대 그리스의 가장 위대한 사상가 중 한 사람인 헤라클레이토스의 말을 살펴봄으로써 각별히 비극적인 이 순간을 이해하고자 노력해봅시다. 의미의 통일성이 여전히 입증되고 인간들의 삶에 현존하지만 그와 동시에 그 통일성이 물러나고 은폐되는 순간 말입니다. 그다음에는 철학에 일종의 역사가 있다는 사실을 돌아보면서 기원이라는 관념 자체에 대한 비판으로 나아갈 겁니다. 철학함의 동기는 영속적이고 늘 현재성을 갖는다는 점을 보여주기 위해서죠.

우선 헤겔의 말을 좀더 잘 들어봅시다. 여기서는 철학의 탄생이 어떤 것의 죽음과 동시에 일어난다고 분명히 말하고 있습니다. 그 어떤 것은 바로 통합하는 힘 pouvoir이고요. 이 힘이 통합하는 것은 대립들입니다. 대립들은 이 힘 아래서 관계를 맺고 생생한 상호작용을 합니다. 이 힘이 소멸하자 관계와 상호작용의 생명력이 수그러들었고 통합되었던 것은 자율화되었습니다. 달리 말하자면 오로지 자기에게서만 끌어낸 법칙과 자세를 취하게 되었다는 얘기죠. 상반된 것들을 다스리는 단일한 법이 지배하던 곳에 이제는 따로따로 노는 다수의 질서들, 일종의 무질서가 판치는 겁니다. 철학은 통일성에 대한 애도, 분리, 비일관성에서 탄생합니다. 마치 「비단구두Le Soulier de satin」▼가 처음 등장할 때와 비슷하다고 할까요. 헤겔은 앞에서 말한 저서에 이렇게 쓰기도 했습니다. "분열(분화discession▼, 복제duplication, 독일어로는 Entzweiung)은 철학적 욕구의 원천이다."(라손 편집판 1권, 2.)

헤겔은 어떤 통일성, 어떤 통합하는 힘을 말하는 걸

▲ 폴 클로델Paul Claudel의 희곡. (옮긴이)

▲ 고대 로마 원로원에서 자기가 지지하는 의견 쪽으로 자리를 이동하는 투표 과정을 가리키는 단어 discessio에서 유래한 단어. (옮긴이)

까요? 혹은 — 마찬가지 얘기가 되겠습니다만 — 상반된 것들, 대립들은 무엇일까요? 그것들의 분열과 복제가 철학의 도래와 시기상 일치한다고 하는데 말입니다. 같은 단락에서 헤겔이 뭐라고 말하는지 봅시다. "대립들은 정신과 물질, 영혼과 신체, 믿음과 분별력entendement, 자유와 필연 등의 형식으로, 또한 좀더 제한된 영역들 속에서 다양한 방식으로, 예전에는 중요한 의미를 지니고 인류의 이익을 책임지고 있었다……." 일단 여기서 잠시 멈추고 이 목록을 살펴봅시다.

과거에 의미 있었던 대립들에 "인류의 이익에 대한 모든 책임"이 걸려 있었다, 매달려 있었다고 헤겔은 말합니다. 이 이익intérêt이란 무엇을 뜻할까요? 어떻게 대립들에 이익이 걸려 있었다는 걸까요? 이 말은 인간의 관심을 끄는/이익을 주는interesser 것, 다시 말해 인간들 '사이에 있으면서inter-esse' 그들을 서로 이어주는 동시에 사람들의 생을 생 자체와 이어주는 바로 그것, 바로 그 이익의 책임이 이 대립들에 놓여 있었고 매달려 있었고 그에

좌우되었다는 뜻입니다. 다시 말해 이익은 상반된 것, 대립되는 것에 달려 있는 관계입니다. 그 이익이 상반된 것들을 짝지어줍니다. 쌍couple 안에는 분리와 결합의 통일성이 있습니다. 이 통일성은 그야말로 살아 있는 통일성입니다. 자신이 합쳐놓긴 했지만 원래는 상반되는 항들에도 '불구하고malgré', 그러면서도 그 항들이 엄연한 구성 요소들이니 '그것들에 따라서selon leur gré' 자기를 부단히 구성해야 하기 때문입니다. 일반적으로 커플 하면 남성과 여성이라는 상반된 두 항이 이루는 쌍을 가리키지요. 바로 커플이라는 단어를 생각하면 우리는 이 상반된 것들을 이해하기도 쉽고, 헤겔의 말마따나 "좀더 제한된 영역 속에서" 대립들이 중요한 의미를 띠게 되는 "다양한 방식들" 중 하나를 이해하기도 쉬워질 겁니다. 어른과 아이, 낮과 밤, 겨울과 여름, 햇살과 비, 삶과 죽음을 생각해보아도 그 점은 마찬가지지요. 실제로 사람들의 이익이 달려 있는 "제한된 영역들"이 있는 만큼, 쌍을 이루는 항들이 갈마듦으로써 생은 분할됩니다. 클로델이 말했던 것처럼 "기본적인 운율 혹은 저음과 고음의 관계"가 말들 mots의 생명, 사물의 생명에 리듬을 부여하지요.

그러나 헤겔이 콕 짚어 상반된 것으로 명명한 것들은 위에서 말한 것들이 아닙니다. 그것들은 "정신과 물질, 영혼과 신체" 기타 등등입니다. 그것들은 직접적이지 않고 제한된 영역에 속하지도 않습니다. 우리가 알아볼 수 있듯이, 이 의미 있는 대립들은 철학적이고 숙고된 것들입니다. 예를 들어 믿음과 분별력이 이루는 쌍은 그리스도교에서 성 아우구스티누스부터 성 토마스까지, 어쩌면 성 안셀무스를 거쳐서 칸트에게까지 이르는 인간의 관심/이익에 대한 사변의 표현이지요. 그리스도교적 사유와 그리스도교적 삶은 주어진 것, 사랑에 속하는 것과 이성의 차원에서 얻을 수 있는 것 사이에서, 또한 신비와 계몽 사이에서 결합하기도 하고 갈등하기도 합니다.

그러나 대립하는 항들의 표현이 이미 철학적이라면 그 이유는 우리가 이미 분리 속에, 상반된 것들의 통일성을 애도하는 입장에 있기 때문일까요? 그렇다면 어떻게 철학이 그 같은 분리에서 태어난다는 주장과 철학이 주제로 삼는 대립들을 통합하는 힘이 지배한다는 주장이 조화를 이룰 수 있을까요?

혜겔의 말을 마저 들어봅시다. 그러면 여러분도 그가 언뜻 보아 양립할 수 없는 두 가지를 말하고 있다고 생각할 겁니다. "예전에 (정신-신체 같은 쌍의 형식으로) 중요한 의미를 지녔던 대립들은 문화가 발전하면서 이성과 감성, 지성과 자연, 다시 말해 보편적 개념으로, 말하자면 절대적 주관성과 절대적 객관성의 대립 형태로 옮겨갔다."(라손 편집본, 1권, 3.) 그렇다면 삶에 '대한' 철학과 삶 '속의' 철학을 나눠야 할까요? 마찬가지로 분리에 '대한' 철학과 분리 '속의' 철학을 나눠야 할까요? 아니면 그보다는 철학을 낳는 분열이 그저 두 항을 따로 떼어놓는 것은 아니라고 파악해야 할까요? 분열에서 두 항이 나오지만, 그 분열은 자기가 깨뜨린 통일성을 새로운 형태로 품고 있다고 봐야 할까요? 이것이 수수께끼입니다.

철학이 기원하는 경계에 가서 서보면 어쨌거나 그

수수께끼의 대답을 찾을 수 있을 겁니다. 서양 최초의 사
유에서 일자와 다자의 문제, 상반된 것들의 통일성 문제
가 어떻게 되었는지 살펴보면서 말이에요. 하이데거가 즐
겨 말하기를 서양은 해가 지는 나라, 저녁의 땅이라고 했
지요. 해가 지면 사람들은 잠이 들고 세상은 산만해집니
다. 잠은 사물들, 사람들, 자기에게서 물러나 별개의 세상,
가장 사적인 삶으로 들어가는 겁니다. 헤라클레이토스도
같은 뜻에서 이렇게 말합니다. 깨어 있는 자들의 세상은
하나이고 공통이다. 그러나 잠든 자들은 저마다 따로 분
리된 자기 세상을 향하여 돌아간다.(단편 89 [33])▶ 그리
스 사유도 서양 사유이기 때문에 벌써 저녁입니다만, 그
래도 사유의 아침이자 기상起床이지요. 그러니까 이오니
아 에페수스의 철학자 헤라클레이토스가 기원전 5세기
초에 뭐라고 했는지 들어봅시다. 우리는 여기서 일자는
다자 속에 존재한다, 우리가 멀리서 찾는 것이 아주 가까
이 있다, 세상의 의미는 세상 아닌 다른 어느 곳에도 없
다, 라는 더없이 힘찬 주장의 울림을 접할 것입니다. 그

러나 우리는 여기서 서서히 내려오는 어둠, 죽음의 위협, 의미와 현실의 분열 또한 알아보게discerner 될 겁니다.

우선 헤겔이 말한 대로 대립들이 통일성을 증명한다고 보는 두 개의 단편을 살펴봅시다.

단편 8. 방향을 거스르는 것이 한곳에 모이고, 불화하는 것들에서 가장 아름다운 조화가 생겨난다. [52]

단편 9. 전체적이면서 전체적이지 않은 것, 일치하면서 불일치하는 것, 어울리는 것과 어울리지 않는 것 그리고 만물로부터의 하나, 하나로부터의 만물. [49]

◁ 국내에 헤라클레이토스 단편 선집이 따로 있지 않기 때문에 『소크라테스 이전 철학자들의 단편 선집』(아카넷)의 DK22B~ 번호를 [ ] 안에 표시해서 독자의 이해를 돕는다. 원문의 번호를 그대로 기재하되 이 번호 표기에 오류가 있는 것 같다는 의견을 덧붙인다. (옮긴이 및 감수자)

또다른 단편들에서 통일성 본연의 힘force이 눈부시게 드러남과 동시에 'sophon'이라는 철학적 사유의 대상 자체가 그 힘 곁에 거하는 것으로 나타납니다.

단편 50. 나에게 귀를 기울이지 말고 의미(지혜, οο φόν)에 귀를 기울여 만물이 하나라는(ομολόγιω) 뜻에 동의함이 지혜롭다(λόγος οοφον). [48]

단편 33: 법도는 일자의 뜻과 이어지는 것이다. [121]

단편 41. 지혜(οοφον)는 하나이니 곧 만물을 관통하며 만물을 주재하는 예지 곁에 머무는 것이다. [39]

하지만 그와 동시에 다양한 것을 다스리는데다가 그 곁에 머무는 것이 지혜οοφόν라고 하는 이 통일성이 다른 단편들에서는 다른 이름을 지닙니다. 이 또다른 이름은 우리가 주목할 만한 가치가 있습니다.

단편 80. 전쟁은 공통된 것이고 투쟁이 정의이며 모든 것은 투쟁과 필연에 따라서 생겨난다는 것을 알아야 한다. [88]

단편 55. 전쟁은 모든 것의 아버지이고 모든 것의 왕이다. 전쟁이 어떤 이들은 신으로, 또 어떤 이들은 인간으로 드러내며, 어떤 이들은 노예로 또 어떤 이들은 자유인으로 만든다. [87]

일자의 또다른 이름은 전쟁이요, 통합하는 것의 또다른 이름은 나누는 것입니다. 아마도 만물을 지배하는 것의 중심에 있는 이 대립 때문에 헤라클레이토스는 단편 32에서 이렇게 말하는 것이겠지요. 일자는 제우스의 이름으로 불리고자 하지 않으면서 또한 그렇게 불리고자 한다. [47] 그러나 통합하는 조화와 분리하는 전쟁은 결합해 있기 때문에 헤라클레이토스 말마따나 도처에서 법과 같은 위력을 분명히 발휘합니다. 그래서 단편 54는 보이지 않는 조화가 보이는 것보다 더 강하다[51]고 말합니다. 하지만 무엇보다 단편 93은 우리에게 이 에페수스 철학자의 메시지를 충실하게 전해줍니다. "델포이 신탁의 주재자[주인]는 말하지도 않고 감추지도 않고 다만 징표를 보일 뿐이다*σημαίνει*". [46]

　나는 여기에 헤라클레이토스 사상의 핵심이 있다고 믿습니다. 왜냐하면 이 주재자, 이 주인은 결국 신이요, 만물을 관통하면서 만물이 서로 싸우게 함으로써 다스리는 예지, 다시 말해 일자이자 전쟁이니까요. 우리는 한편으로 그것을 명쾌하게 말하지 않는다는 인상, 우리가 명명백백하게 읽을 수 있도록 자기 패를 다 보여주지 못한다는 인상을 받습니다. 왜냐하면 그것은 자기가 주재하는 만물 밖에서는 아무것도 아니니까요. 그것은 만물의 배열, 만물의 조화일 뿐입니다. 말하자면 그것 자체는 아무 작용도 '없고' 카드들의 ― 다시 말해 존재하는 모든 것들의 ― 가치와 색깔이 나열되고 대립되는 질서로서 '존재할' 뿐입니다. 혹은 게임에 규칙을 제공하고 연달아 내놓는 카드들을 의미 있는 이야기로 구성하는 규

약code 자체라고 할까요. 이 규약은 자신이 구조화하고 징
표를 나타내는 그 사물들 안에서만 존재할 뿐, 그 자체가
어떤 것으로서 존재하는 것은 아닙니다. 그리고 우리는
다른 한편으로 델포이 신탁의 주재자 — 태양신 아폴론
— 는 '감추지' 않는다는 것을, 즉 자신의 게임을 감추지
않는다는 것을 알 수 있습니다. 그는 게임에서의 적수가
그러듯이 우리를 속이거나 거짓된 길로 끌어들이지 않는
다는 거죠. 사실 그는 게임 상대가 아니라 게임을 관장하
는 규약 자체거든요. 게임을 하는 사람들이 따라야 하는
규약이란 말입니다. 그 규약은 '자기를 숨기지' 않습니다.
신은 구름의 장막 뒤에 숨지 않습니다. 그는 우리와 숨바
꼭질을 하는 게 아닙니다. 성 안셀무스가 믿었던 것처럼
"그는 우리의 시선을 외면하지 않고"(프로슬로기온 9),
그리스도교가 믿었던 것과 같이 그는 우리를 당신의 처
소 밖으로 내치지 않았습니다(사실 그럴 이유가 뭐가 있
겠습니까?). 그는 어떤 규약이 존재할 수 있는 한에서 존
재합니다. 그는 징표를 보이는/의미를 나타내는signifiant

한에서, 의미를 만드는 한에서faire signifiant, 다시 말해 사물들로 기호들을 만드는 한에서 존재합니다. 헤라클레이토스는 바로 이것을 말하고 싶었던 겁니다.

우리는 여기서 헤라클레이토스가 가리키는 방향으로 좀더 나아갈 수 있습니다. 우리의 질문으로 돌아갑시다. 이 사유는 어떤 점에서 쇠락해 있나요? 헤겔의 말대로 대립들이 생명력을 잃을 때, 우리가 분열과 분화에 들어갈 때에 철학의 욕구가 일어난다면 철학은 여기서 어떤 식으로 예고됩니까?

이 문제에 대한 지표가 되는 것이 앞에서 보았던 단편 54입니다. 보이지 않는 조화가 보이는 것보다 더 강하다. 왜냐하면 이 말은 어쨌든 적어도 조화, 통일성이 우리의 시야, 우리의 이해 밖에 있다는 의미일 테니까요. 그러나 단편 108은 훨씬 더 강력한 환멸을 드러내며 이렇게 선언합니다. "내가 말을 들어보았던 모든 사람들 중 아무도, 모든 것으로부터 분리된 지혜로운 것σοφόν이 있다는 사실을 아는 데에는 이르지 못했다." [20] 이 '모든 것으

로부터 분리된 것'만이 다자 속의 일자, 전쟁 속에서의 뿌
리깊은 동일성, 조화가 변함없이 환기되는 가운데 유독
귀에 꽂힙니다. 모든 것이 하나인데 어떻게 하나인 로고
스λόγος가 모든 것에서 분리될 수 있을까요? 이 분리된 일
체성은 자신이 통합한 것에서 떨어져 있기 때문에 잃어
버린 일체성과 마찬가지입니다. 이 단편에서 보건대, 분
리에서 비롯된 향수nostalgie는 추가적인 환멸로 인하여 더
욱 깊어집니다. 아무도 그것을, 지혜로운 것σοφόν의 물러
남을 아는 데 이르지 못한다고 하잖아요. 왜냐하면 — 단
편 2[5]가 우리에게 말하고 있듯이 — 로고스, 의미는 공
통된 것이지만 대부분의 사람들은 자기 고유의 생각이
있는 것처럼 살아가기 때문입니다. 아마도 바로 "그 사

◁ sophon esti pantōn kechōrismenon, 원전 번역에
따르면 이 구절은 "지혜로운 것은 모든 것들로부터
떨어져 있다"라고 번역될 수도 있다고 한다.
[『소크라테스 이전 철학자들의 단편 선집』(아카넷,
2005), 227쪽 참조] (옮긴이)

람들이 들을 줄도 모르고 말할 줄도 모르는 이들"(단편 12[28])이겠지요. "당나귀들은 황금보다 [음식] 쓰레기를 택할 것이다."[58]라는 단편 9도 그들을 두고 하는 말일 겁니다. 여러분은 철학자의 어조가 격앙된 것을 느낄 수 있겠지요. "모든 것은 하나다"의 절도 있는 평정심에 씁쓸함과 모욕이 흘러들어옵니다. 헤라클레이토스도 이미 여느 철학자들처럼 개인의 사유라는 환상과 이른바 가치들의 변명을 규탄하고 있지요.

　　이 모든 것이 징표가 됩니다. 헤라클레이토스 '사상', 즉 일자가 다수성 안에 있고 조화와 모순이 동시에 그 안에 있다는 생각이 공유되거나 통념이 되지 못하고 그 자체가 다른 사유와 평가들에 대립된다는 징표 말입니다.

　　따라서 우리는 이 단편들에 좀더 귀를 기울일 수 있겠습니다. 이 단편들은 한편으로 통일성이나 신을 다양성 아닌 다른 곳에서 찾아서는 안 된다고 말하지요. 통일성은 다양성의 규칙règle, 규약code이기 때문입니다. 이

것들은 결국 변증법, 다시 말해 분열의 초월을 말합니다. 삼각형이 정신(신의 정신 혹은 수학자의 정신)에 있지 않고 세 개의 선이 각기 다른 두 선과 교차하면서 이루는 관계 속에 있음을 혹은 세계의 통일성이 또다른 세계(가령 예지적 세계)나 그러한 세계의 부분들을 끼워맞추는 지성에 있지 않고 구성요소들의 배치와 조합(즉 구조)에 있다는 이해 말입니다. 어떤 악구樂句의 통일성이 그 악구를 구성하는 음표들의 음가 및 길이의 대조가 어떻게 조합되고 연계되느냐에 있는 것과 마찬가지예요.

　　그러나 이 단편들은 다른 한편으로 이 조화, 구성요소들의 논쟁과도 다름없는 이 조화가 더이상 이해받지도 못하고 이야기되지도 않는다고 말합니다. 사람들은 이미 꿈을 꾸고 있거든요. 다시 말해, 그들은 이미 그네들의 분리된 세상 속으로 틀어박혔습니다. 그래서 헤라클레이토스가 그랬듯이 통일성을 입증해야 할 필요가 있다면 그건 통일성이 그 증인들을 잃어가고 있기 때문에, 다시 말해 통일성이 상실되어가고 있기 때문입니다.

이때 이미 제기되었던 질문이 다시 떠오릅니다. 왜 통일성을 잃고 상반된 것들이 자율성을 얻는데요? 무슨 일이 일어났습니까? 언제? 어떻게? 어째서?

자못 예리한 물음들이지요. 그렇지만 분명히 이 예리함에 움츠러들어서는 안 될 겁니다. 만약 정말로 의미가, 로고스λόγος가 과거 어느 때에 완전히 상실되었다면 우리는 가능한 통일성이 있다는 것조차, 한때 통일성이 존재했다는 것조차 알지 못했을 테지요. 통일성의 상실 자체가 상실될 것이요, 통일성의 죽음 자체가 죽어버릴 겁니다. 무덤에 아무런 공물이 놓이지 않을 때, 고인의 이미지가 더이상 그 누구의 삶과 생각에도 남아 있지 않을 때 고인은 고인으로서 존재하기를 멈추고 정말로 피안으로 넘어가버리듯이 말이에요. 이때 비로소 그의 사라짐 자체가 사라집니다. 그는 존재한 적도 없었던 셈이 되지요. 아, 그래요, 헤겔과 헤라클레이토스가 말하는 통일성이 그런 식으로 완전히 사멸한 그 무엇이라면, 우리는 지금 통일성의 결핍, 통일성에 대한 욕망조차 느끼지 못할 테고 통일성에 대해서 말할 수도 없을 겁니다.

결과적으로 "어째서 의미, 통일성이 사라졌을까?" 라는 우리의 예리한 물음은 금세 사용하기 어려운 재료로 부딪혀 날이 무디어집니다. 그 재료는 '시간'입니다. 시간은 자기가 잃어버리는 것을 간직합니다. 지금 제기된 질문은 역사가의 입장에서 답할 것을, 어쨌든 역사가로서 대답을 찾을 것을 요구하지요. 예를 들자면, 그리스에서 철학이 수태되고 태어난 그 시대에 실제로 어떤 일이 일어났는가를 하나하나 증거에 입각하여 살펴본다든가 하는 식으로요. 우리가 그런 연구 방식으로 많은 것을 배울 수 있음은 분명합니다. 우리가 아직 철학의 기원을 (역사적 의미에서의 기원, 즉 역사가가 기원을 논할 때의 의미로 말입니다. 나아가 프랑스대혁명 혹은 1914년 전쟁의 기원, 다시 말해 원인이라는 의미도 될 수 있습니다) 잘 알지 못하다가 그러한 연구를 통해 알 수 있어서가 아니라, 철학이라는 이 특수한 활동이 다른 활동들과 똑같은 곤경에 처해 있고 똑같은 운명을 지고 있다는 점을 단 한순간도 의심할 수 없기 때문입니다. 다시 말해, 철학도 자기 시대와 문화의 흔적을 품고 자기 시대와 문화를 표현하는 동시에 결정하기는 마찬가지입니다. 마치 당대의 건축, 도시계획, 정치, 음악이 그리스 세계라는 '전체로부터의' 필연적인 부분이자 그 '전체에' 필요한 부분인 것처럼 말이에요.

그럼에도 불구하고 우리는 역사가의 예리한 방식으로 질문을 제기하면서 자칫 질문을 불완전하게 만들고 말 위험에 처합니다. "왜 철학을 하는가?"라는 우리의 물음이 기원의 문제를 제기하는 것은 아님을 이해하고 넘어갑시다. 이렇게 말할 수 있는 이유는 두 가지입니다.

1. 일단 우리의 관심사는 철학의 탄생이라기보다는 그 탄생과 관련 있는 어떤 것의 죽음입니다. 역사가로서 철학의 탄생 시기를 가늠하기란 어렵지 않습니다. 가령 우리가 알고 있는 가장 오래된 철학자의 가장 오래된 말이 나왔던 시기를 철학의 기원으로 삼을 수도 있습니다

(물론 그 '철학자'에 대해 말할 때 우리가 무슨 얘기를 할 수 있는지 이미 안다고 가정한다면요). 그러나 역사가가 우리가 의미 혹은 통일성이라고 부르는 것의 죽음을 규정하려면, 무엇을 의미 혹은 통일성이라고 불러야 하는지 정의하려면 꽤나 어려움을 겪을 겁니다. 한 사회 속에서, 가령 이오니아 도시 국가들로 이루어진 고대 그리스 사회에서 인간과 세계의 관계를 결정하는 제도들이 서로 가까워지거나 멀어짐으로써, 하여간 분명히 커다란 변화를 급격하게 맞이함으로써 비로소 그것들을 되돌아보고 그것들의 의미 문제를 제기한 때가 언제였는지, 요컨대 인간들이 자기들이 만든 것을 왜 만들었는지 자문하기 시작한 때가 언제였는지 정확히 집어내기란 상당히 어렵겠지요. 아무런 탄압도 일어나지 않았고 누군가의 목이 단두대에서 날아가지도 않았습니다. 그날 의미가 상실되었노라 말할 수 있는, 그런 계기는 아무것도 없습니다. 역사가가 책임지고 말할 수 있는 그리스 시대의 가장 큰 상실은 통일성 혹은 의미의 상실이 아니라 소크라테스

의 상실일 테지만, 당시 아테네 사람들은 그 상실에서 의미의 결핍이 표현되고 인간과 만물을 공격하는 목소리를 들으려 하지 않았으며 그렇게 들을 수도 없었습니다.

2. 무엇보다 이 두번째 이유가 있습니다. 사실 우리는 "왜 철학을 하는가?"라고 자문하면서 철학이라는 단어의 역사적 기원을 묻는 것이 아닙니다. 철학은 역사를 지니고 있다는 사실, 혹은 철학이 역사라는 사실만으로도 그 기원은 보장됩니다. 그리하여 우리는 또다시 시간의 문제로 돌아오게 됩니다.

철학의 역사는 있습니다. 헤라클레이토스가 말하는 지혜sofóv, 일자를 향한 욕망의 역사 말입니다. 이 역사는 분명히 통일성을 추구하는 사유 혹은 말의 불연속적인 승계가 있음을 뜻합니다. 데카르트에서 칸트에 이르기까지 말은 바뀌었고 의미도 함께 변했습니다. 말을 통해서 유포되고 말을 떠받치는 사유 또한 변했지요. 철학자는 어떤 유산을 물려받아 그것을 잘 불려 결실을 거두는 사람이 아닙니다. 그러나 질문하고 대답하는 방식은 선대 철학자들의 방식입니다. 철학자는 바로 이 방식을 통해서 성장하고 '소양을 계발하는' 것입니다. 그는 이 방식의 깊이를 가늠하고 이 방식 자체를 문제 삼습니다. 내가 이미 말했었지요, 우리는 매번 욕망의 대상을 잃어버리고서 매번 원점에서 출발한다고요. 가령 플라톤의 저작이 우리에게 던지는 메시지를 우리는 매번 새롭게 취하고, 해독하고, 기록해야만 합니다. 그 메시지를 알아볼 수 없게 만들고 그 안에서조차도 우리가 느끼는 통일성에 대한 이 동일한 욕망을 알아볼 수 있어야 할 겁니다. 철학에 역사가 있다 혹은 철학은 역사다, 라는 이 단순한 사실에도 철학적 의미가 있습니다. 연속성의 중단들 solutions, 철학적 반성을 분할하고 쪼개어 (역사가 바로 그렇듯이) 시간 속에 늘어놓는 단절들, 이 틈들이야말로 우리에게서 달아나는 의미, 분별 있는 말의 빈 곳에서 의미의 부스러기를 그러모으는 철학자의 노력이 언제나 새롭

71

게 시작된다는 증거입니다. 후설도 철학자는 영원한 초
심자라고 말했었지요.

그렇지만 이 불연속성은 모순적이게도 어떤 연속
성을 입증합니다. 이 철학자에서 저 철학자에게로 일어
나는 탈피와 재개의 작업은 적어도 그 두 철학자가 동일
한 욕망, 동일한 결핍에 사로잡혀 있음을 의미하지요. 우
리가 어떤 철학을 살펴볼 때, 그러니까 체계를 이루거나
최소한 의미 작용을 하는 말들의 집합을 살펴볼 때에는
그저 그 철학의 아킬레스건을 찾는 것이 목적은 아니잖
아요. 어디를 공격하면 전체가 와르르 무너지겠구나, 라
는 생각만으로 어떤 철학을 공부하지는 않는단 말입니
다. 예를 들어 철학자가 플라톤의 가지성Intelligible 개념
을 비판하고 플라톤이 무슨 말을 하는지 이해 못하겠다
고 결론 내린다고 칩시다. 그는 일종의 죽음 본능 때문
에, 차이를 파괴하고 플라톤에 대한 우리의 이해를 방해
하고 싶은 걷잡을 수 없는 충동 때문에 그러는 게 아닙니
다. 플라톤의 메시지를 "어느 바보가 한 이야기"의 "소음

과 분노" 속에 묻어버리려고 그러는 게 아니에요.

아니다마다요. 철학자들끼리의 관계에 죽음 본능이 작용한다면(다들 '죽음 본능'이라는 말이 프로이트의 저작에 나온다는 것은 알고 있겠지요) 오히려 정반대의 일이 일어날 겁니다. 사실 프로이트는 이 죽음에 대한 충동이 '반복répétition'에서 표현과 리듬을 찾는다고 설명합니다. 정말로 플라톤을 죽이는 사람, 플라톤이 하는 말의 내용을 죽이는 사람은 자신을 플라톤과 동일시하고 플라톤이 되려는 사람, 플라톤을 반복하려고 하는 사람입니다.

그러나 철학적 비판은 체계의 일관되지 못함, (좀더 강한 의미에서의) 알맹이 없음을 지적함으로써 더 강력하고 조밀하며 촘촘한 일관성consistance, 일자 문제에 있어서의 더 큰 적합성을 추구합니다. 플라톤도 그랬고 칸트, 후설, 그 밖에도 여러 철학자들이 살아생전에 그러한 비판을 자기에게 가했습니다. 그들은 자기가 이미 사유한 바를 돌아보고 그 사유를 해체해서 다시 사유함으로써 자기 저작의 진정한 통일성은 구성된 체계, 되찾은 통일성에서 자기만족을 얻는 데 있지 않고 통일성의 상실에서 비롯된 욕망에 있음을 보여주었지요. 어느 한 철학자에게 참인 것은 철학자들의 부류 전체에 대해서도 참입니다. 철학의 역사를 지배하는 불연속성, 언어들의 부조화, 논증들의 혼란은 몹시 성가시고 실망스러우며 실착 행위, 오해, 착각, 무질서에 해당하기에 그 말들이 공유하는 공통의 욕망을 증명하지 않는 한 우리에게 아무런 가치도 지닐 수 없습니다. 우리가 비록 철학의 바벨탑을 한탄하거나 웃음거리로 삼을지라도 우리는 그로써 절대언어에 대한 희망을 키우고 통일성을 기다리는 겁니다.

　따라서 이 통일성은 완전히 상실되지 않았습니다. 철학의 역사가 있었다는 것은 이 통일성을 말하기를 원하는 말에 본질적인 불연속성, 어떤 분산이 있었다는 겁니다. 이건 곧 우리가 의미를 소유하고 있지 않다는 확실한 증거죠. 그러나 철학은 역사이고 철학자들은 이성과 정념, 논증을 주고받으면서 방대하게 전개되었습니다. 이 전개는 그렇고 그런 것이 아니에요. 흡사 카드 게임이나 체스 게임에서처럼, 그 안에서 어떤 것이 등장합니다. 바로 이때 개인, 문화, 시대, 계급의 다양성으로 분할된 구획들이 철학적 대화의 내용 속에서 그래도 함께 존립한다는 증거, 그래도 어떤 연속성이 있다는 증거가 나타나지요. 그게 바로 통일성에 대한 욕망의 연속성이고요. 헤겔이 말하는 분열은 지나간 것이 아니라 영원하고 절대적인 현안입니다. 통일성의 연속적인 상실을 통해서 철학은 다각화되고 불연속적인 것이 됩니다. 과거의 분리는 오늘날의 분리입니다. 과거와 오늘은 분리되어 있지 않기 때문에 분리는 과거와 오늘의 유일한 주제가 될 수 있습니다. 통일성에 대한 욕망은 부재하는 통일성을 증명하지만 그 통일성의 현존을 증명하는 것은 욕망의 통일성입니다.

우리는 이렇게 자문하였지요. "왜, 어떻게 해서 통일성은 상실되었는가?" 이 물음은 "왜 욕망하는가?"라는 의문에서 나왔습니다. 이 의문은 다시 우리의 문제 "왜 철학을 하는가?"에서 파생되었지요. 우리는 이제 통일성의 상실이 단순히 역사적 문제가 아니라는 것을 다소나마 이해했을 겁니다. 역사가가 '철학의 기원들'이라는 항목에 입각해서 완전히 답할 수 있는 문제가 아니란 말이에요. 실제로 우리가 방금 살펴보았듯이 역사 자체, 특히 철학의 역사는 ― 물론 모든 역사가 마찬가지지만 ― 그 조직 안에서 통일성의 상실, 현실과 의미를 괴리시키는 분열이 어떤 '사건evenement'이 아니라 '동기motif'라는 것을 보여줍니다. 범죄학자들은 사람이 죄를 저지르고, 살인을 저지르고, 도둑질을 하게 만드는 바로 그것을 '동기'라고 하지요. 통일성의 상실은 우리가 철학을 하게 만드는 바로 그것이라는 의미에서 철학의 동기입니다. 통일성의 상실과 더불어, 욕망이 반영됩니다. 그러나 음악학자들은 동일한 단어로 작품 전체를 지배하는 멜로디 악구, 작품에 선율적인 통일성을 부여하는 악구를 지칭합니다. 통일성의 상실은 바로 그런 방식으로 철학의 역사 전반을 지배하고 그로써 하나의 역사를 만듭니다.

철학의 기원을 역사적 지표에 따라서 기원전 7세기

혹은 5세기로 잡으면서 그저 모든 기원론génétisme이 당하는 우스운 꼴을 우리도 당할 위험에 처합니다. 기원론은 아버지를 통해서 아들을 설명하고 먼저 것을 통해서 나중 것을 설명한다고 믿습니다. 그러나 아들이 아버지에게서 나온 것은 사실이지만 — 아버지가 없으면 아들도 없으니 — 아버지의 부성父性은 아들의 존재에 달려 있고 아들이 없으면 아버지로서의 존재도 없다는 점을 경험론은 다소 경박하게도 잊어버립니다. 모든 계보학은 거꾸로 읽어줄 것을 요구합니다(이리하여 결국은 피조물이 자기를 만든 자를 만들어낸다는 것을, 신이 인간을 만들어낸 한에서 인간도 신을 만들어낸다는 것을 깨닫게 되지요). 철학의 기원은 바로 오늘날입니다.

　　마지막으로 하나 더 지적해둡니다. 우리가 이렇게 말하는 의도는 역사를 쓱 지워버리고 최소한 2500년 동안 반성하는 말, 말을 통하여 자기 자신을 돌아보는 욕망이 마치 없었다는 듯이 굴려는 게 아닙니다. 내가 말하고 싶은 것은 오히려 정반대입니다. 역사에 역량과 현존, 실질적인 "통합의 힘"(헤겔)을 돌려주는 것, 역사를 진지하게 받아들이는 것이란 결국 역사의 동기, 즉 통일성에 대한 물음이 끊임없이 역사를 다듬어간다고 이해하는 것입니다. 왜냐하면 역사가 존재한다면(지난 시간에 얘기했었지요) 인간들이 그들 자신과 세계에 결합하는 양상은 불가역적으로 주어진 게 아닙니다. 정신이 생각하는 세계의 통일성과 사회의 통일성 그 자체 그리고 이 두 통일성의 합일은 항상 회복될 필요가 있는 거예요. 역사는 이러한 추구가 자기 뒤에 남기는 흔적이자 자기 앞에 열어놓는 기다림입니다. 그러나 과거의 차원과 미래의 차원, 이 두 차원은 현재라는 차원이 충만하지 않을 때, 현재가 그 영원한 현행성 속에서 부재를 드러낼 때, 현재가 자기 자신과 일체성을 갖지 못할 때에만 그 현재의 양쪽으로 뻗어나갑니다. 프루스트가 사랑은 마음으로 감지하게 된 시간(그리고 공간)이라고 말했지요. 역사의 폭을 넓히는 것은 통일성에 대한 결핍의 통일성입니다. 여러분은 그래서 철학이 역사라는 것을 이해하겠지요. 게다가 우연

히 그렇게 된 게 아니라 구성에 의해서 그런 거예요. 그
런 점에서 철학과 역사는 모두 의미의 탐색입니다.

　　우리는 왜 철학하려는 욕구가 일어나는지 알았습
니다. 헤겔이 말한 대로 통일성이 상실되고 우리는 분열
속에서 살아가고 사유하기 때문이지요. 우리는 또한 그
상실이 현실적이고 현존하지만 상실 자체가 상실되지는
않는다는 것도 압니다. 이를테면 그 상실의 초시간적인
통일성은 없다는 것을 압니다. 우리는 철학을 한다는 것
이 끊임없이 상실되어가는 유일무이하고도 영원한 상실,
통일성의 상실, 의미의 상실과 무슨 관계가 있는지 의문
을 제기해야 할 것입니다. 이 문제를 다음 시간에 살펴보
겠습니다.

3. 철학의 말에 대하여

첫번째 시간의 주제였던 욕망désir이라는 말은 라틴어
'de-sidarer'에서 나왔습니다. 이 단어는 원래 밤하늘의
성좌(라틴어 sidera)가 기호signe가 되지 못하고, 신들은 천
체를 통해 아무것도 지시하지 않는다는 것을 확인하고
아쉬워한다는 의미를 담고 있었지요. 욕망은 점이나 징
조에 대한 실망입니다. 철학도 욕망에 속하는 한 그리고
앞에서 보았듯이 철학이 아마도 욕망 안의 빈곤인 한, 신
들이 침묵할 때에 철학이 시작됩니다. 그럼에도 불구하
고 모든 철학적 활동은 말parole로 이루어집니다. 하지만
발화되어야 할 의미를 지시하는 기호가 전혀 없는데, 어
떻게 의미가 부여된 말하기가 가능할까요? 우리의 안과
밖에서 침묵이 절대적인데도 무슨 말dire을 할 수 있을까
요? 프로타고라스가 생각했던 것처럼 인간이 '만물의 척
도μέτρον'라면 — 그럼에도 불구하고 이 말은 만물에는 인
간을 벗어나는 나름의 크기와 규모가 있기 때문에 측량
을 요한다는 의미를 담고 있습니다만 — , 인간이 말parole
로써 자기를 모든 의미의 원천이자 토대로 삼는다면 어

떨까요. 실존주의적 휴머니즘 혹은 '마르크스주의적' 휴머니즘에 따라서 그런 식으로 말하는 게 유행이잖아요. 드미트리 카라마조프가 말했던 것처럼 "모든 것은 허용된다"는 식으로 말입니다. 만약 그렇다면 참도 없고 거짓도 없을 겁니다. 우리는 아무 말이나 하고 아무 일이나 저지를 수 있겠지요. 어차피 모든 것은 부조리하거나 아무래도 상관없는 무차별적인 것일 테니까요.

　　나는 오늘 철학과 말의 관계를 살펴보면서 우리가 이 관계의 특성을 각별히 주목했으면 합니다. 나는 사실 이 모순의 관점에서 바라보아야만 비로소 철학이 말에서 차지하는 특별한 입장과 그러한 입장의 필요를 절감하게 된다고 봐요. 아무것도 말하지 않는다면 — 마치 카뮈가 『이방인』에서 보여주었던 것처럼 뫼르소에게는 모든 것이 아무래도 상관없기 때문에 어떤 말도 그에게 미치지 못하듯이 — , 철학자가 말을 하더라도 그 말은 대답이 아니요, 이미 있는 기표를 이어받는 것도 아니요, 이미 시작되어 있던 대화를 이어나가는 것도 아닙니다. 그 말은 자신의 단어들을 컴컴한 어둠으로 던지고 배회하며 소음을 일으킵니다. 자, 그런데 왜 철학을 하는 걸까요? 하지만 다른 한편으로 모든 것을 이미 말했다면, 색채, 향기, 소리가 이미 서로 화답한다면, 수학적 언어가 정합적 담론 속에 원자, 행성, 염색체를 배열한다면, 인간들의 역사 혹은 한 개인의 역사가 이미 쓰인 이야기처럼 펼쳐진다면, 우리의 꿈을 채우는 신화들조차 무의식을 구성하는 일종의 통사 구조와 어휘로 진술된다면, 이 경우에도 왜 철학하는지 다시금 묻지 않을 수 없습니다. 우리가 이미 이야기된 것 외에 달리 무엇을 더 말할 수 있을까요? 덧붙일 말은 아무것도 없습니다. 이 경우에는 철학적 담론이 순전히 소음은 아니지만 앵무새의 수다에 불과할 겁니다.

　　말의 몇몇 측면을 명확하게 파악하는 것부터 시작해봅시다. 사이비 철학의 편견들을 벗어던지는 것부터 시작해보자고요.

　　일단, 흔히들 이렇게 생각을 합니다. 사유가 먼저

있고 그다음에 그 사유를 표현하는 것이 말이라는 거죠. 말은 표현이라는 거예요. 그렇다면 사유는 마치 내면에 숨겨진 실체처럼 여겨질 것이고. 말은 그 실체를 외적 사태로 넘겨주는 시녀 혹은 메신저에 불과할 겁니다. 우리는 사유를 일종의 사물res처럼 여기는 이러한 생각, 이 사물화적인 발상을 떨쳐버려야 합니다. 지금 우리가 관심을 두는 사안에서는, 생각도 이미 말이라고 이해해야 합니다. 우리가 생각하는 바를 명명할 수 없다면 우리는 아직 생각하는 게 아닙니다. 단어들을 입 밖에 냈으되 분명하게 진술할 수 없는 경우에도 아직은 생각한다고 말할 수 없습니다. 어떤 말을 하면서 꼭 필요한 단어가 떠오르지 않는 경우가 종종 있습니다. 하지만 이 경험이 생각은 말에 앞서 머리부터 발끝까지 무장하고 기다리는데 그 생각을 바깥으로 실어나를 단어들을 아직 만나지 못했다는 의미는 아닙니다. 단어들이 떠오르지 않는 이유는 그것들이 생각에 미치지 못해서가 아니라 오히려 생각이 자신에게 오는 사인/기호signe에 대해 주의를 소홀히 한

탓입니다.

　이러한 첫번째 지적을 바탕으로 우리는 다른 두 가지 통념을 재고할 수 있습니다. 첫째, 말하는 주체가 그가 말하는 것을 만들어낸다는 통념이 있는데요. 아마도 여러분은 지난 시간에 인용한 헤라클레이토스의 단편을 기억하고 있을 겁니다. 나에게 귀를 기울이지 말고 의미λόγος에 귀를 기울여……. 이 단편은 이미 의미 있는 말을 하는 진정한 주체가 '말하는 사람diseur이 아니라 말해진 것le dit'이라고 지시합니다. 게다가 프랑스어 단어 'sujet(주체/주제)' 자체가 이중의 의미를 드러내지요. 사실 이 단어는 말하는 사람을 가리키기보다는 우리가 말하는 그 무엇을 가리키는 경우가 더 많습니다. 흔히들, 자기 말에 자기가 푹 빠지는 사람을 조롱하곤 합니다. 진정한 말은 자기에게 귀 기울이기보다는 자기가 하고 싶은 말에 스스로를 맡기고 끌려가고자 하기 때문입니다. 우리가 여기서 주체성을 심판하면서 모든 증인들을 불러다 비교할 수는 없겠지요. 그러니 존 키츠가 우드하우스에게 보낸 편지(1818년 10월 27일)에 나타난 생각을 살펴보는 정도에서 그치기로 합시다.

시인의 성품에 대해서 말하자면 […] 그러한 성품은 그 자체로 존재하지 않는다. 시인은 자아가 없다. 그는 모든 것이자 아무것도 아니다. 시인에게는 아무 고유한 것이 없다. 그는 빛과 어둠을 다 같이 즐긴다. 시인은 생을 음미한다. 그 생이 아름답든 역겹든, 고귀하든 비천하든, 부유하든 가난하든, 보잘것없든 고아하든 상관없다. […]
시인은 세상에 존재하는 그 누구보다도 시적이지 않다. 그에게는 정체성이 없는 까닭이다. 그는 항상 다른 물체 — 태양, 달, 바다, 남자와 여자 — 에 정신을 집중하든가 그것들을 충만케 한다. 그러한 물체들은 충동을 지니고 있기에 시적이며, 일정한 불변의 속성을 어느 정도 지닌다. 그러나 시인에게는 전혀 그런 성질이 없다. 그는 정체성 없이 존재한

다. 분명 시인이야말로 신이 지으신 모든 피조물 가
운데 가장 시적이지 않을 것이다.

– 알베르 라페의 번역본

하지만 이러한 키츠의 선언은 '자아'의 환상fantasme
못지않게 빈번한 또다른 환상, 즉 뮤즈에 대한 환상을 허
용할 위험이 있습니다. 사물 속에서 의미가 구술을 하고
우리는 그 말을 받아 적을 뿐이라는 환상 말입니다. 이 경
우에는 우리가 소리 내어 말하기 전부터 말이 존재할 테
지요. 우리는 세계와 인간에 귀 기울이기만 해도 그들이
하고자 하는 말을 들을 것입니다. 플라톤이 『이온』에서
말하고 있듯이 적어도 '영감을 받은 사람들', '광신자'들
의 언어에 한해서라면 널리 공감할 수 있는 입장이죠.

그러나 사정이 그렇게 단순하지는 않습니다. 말이
사방에 존재한다고 상정한다 해도 우리가 말에서 면제
되는 것은 아니지요. 어떤 이야기를 하기 위해서, 장소나
얼굴을 묘사하기 위해서, 어떤 기하학적 도형의 속성을

87

증명하기 위해서 말을 해야만 하는 임무를 마주할 때, 그냥 귀를 기울이기만 하면 되는 건 아니잖아요. 세계, 사물들, 인간들, 공간 속에서의 조합들이 정말로 명쾌하게 말을 하지는 않기 때문입니다. 앞서 있는 채로 우리의 단어들을 끌어당기는 의미가 분명 있습니다만, 단어들의 전면이 그 의미와 닿지 않는 한, 의미가 단어들의 군집에서 피난처를 찾지 않는 한, 의미는 아예 존재하지 않는 것처럼 들리지도 않고 흐릿하기만 할 겁니다. 따라서 의미를 들어야만 말할 수 있는 게 사실이라면, 의미를 듣기 위해서는 먼저 의미가 이야기되어야만 합니다. 말을 하면서 우리는 항상 기표[단어들]의 영역과 기의[의미]의 영역에서 동시에 수행합니다. 우리는 기호들 속에 있고 기호들은 우리를 에워싸고 우리를 중단시키거나 우리를 끌고 갑니다. 기호들은 '오거나' 오지 않습니다. 우리는 기호들을 안에서부터 정돈하고, 그것들이 의미를 이루게끔 배열하려 합니다. 그와 동시에 우리는 의미의 편에서 의미가 우리 말 속에 파고들어 피난할 수 있도록, 의미가 떠나거나 빠져나가지 못하도록 돕습니다. 말한다는 것은 이러한 왕복, 이러한 담론과 의미의 더불어 태어남/인식 co-naissance입니다. 우리가 말하려는 바가 분절 기호라는 짐까지 잔뜩 끌고 온다는 것을, 전부가 말mots의 포장에 싸여 우리에게 온다는 것을 생각하지 않는다면 그건 제 멋대로의 공상이지요. 아니면 다 만들어진 말, 의미 없는 말lettre morte, "안녕, 잘 지냈어?"처럼 아무것도 말하지 않기 위한 말입니다.

사정이 이러하다면, 우리가 언어와 의미를 함께 작용하게 함으로써 서로 잘 받게prêter 해야 한다면 ─ 재봉사가 옷감이 잘 받아준다(prêter, 잘 늘어난다)고 말할 때의 의미에서, 혹은 뱃사람이 배가 바람을 받는다prêter au vent고 할 때의 의미에서 ─ , 그 이유는 분절언어가 자신이 파악한 의미를 원래 그 의미가 조용히 머물러 지내던 상징체계들보다 좀더 분화되고 좀더 있을 법하지 않은 상징체계 속으로 ─ 마치 정보 이론가들이 말하는 것과도 같은 ─ 집어넣기 때문입니다. 의미는 말해진다는 사태로 말미암아 변형됩니다. 그렇기 때문에 무엇인가를 말한다는 것, 명명한다는 것은 창조한다는créer 것입니다. 단, 아무것도 없는 데서 창조한다기보다는 새로운 질서, 담론의 질서에 따라 구축하는 것이지요. 그 예는 얼마든지 들 수 있습니다. 남성과 여성 사이에서 시선, 미소, 지나가듯 건네는 말, 침묵은 뭔가를, 일종의 암묵적인 동조를 빚어냅니다. 그러나 어느 한쪽이 마음을 고백함으로써 이 관계가 공언되면 이제 두 사람에게 그 관계가 명명되었다는 그 사실 때문에 관계가 변합니다. 그 관계는 이제 말의 권리를 얻은 거예요. 심지어 둘 중 한 사람, 아니 두 사람 모두 그 권리를 거부한다 해도 마찬가지입니다. 다른 차원에서 봅시다. 장갑함정 '포템킨'의 해군들은 모욕에 시달리고 있었습니다. 그들 사이에서 오가는 눈짓, 불끈 쥔 주먹, 몸짓이 반항이라는 의미를 빚어내기 시작합니다. 그러나 여기에서도 선원들의 불만을 폭동으로, 반항을 혁명으로 변화시키는 것은 말입니다. 아직은 어둠에 싸여 있는 그 의미를 지칭하고 좁다란 통로에서 끌고 나와 햇빛 아래 뱃머리 갑판으로 내보내는 것은 말입니다. 말은 자발적인 움직임 속에 잠복하는 의미작용을 잡아내어 새로운 전개를 향하여 열어놓습니다.

여러분이 알다시피, 말은 자신이 발화하는 것을 변화시킵니다. 덕분에 우리는 언뜻 수수께끼처럼 보이는 기호와 의미의 더불어 태어남/인식을 이해할 수 있습니다. 연애 감정이 오가는 상황 혹은 혁명을 일으키는 상황은 실제로 그러한 상황을 연애 혹은 혁명으로 지칭하는 말mots보다 앞서서 그 자체로 존재하지 않기 때문입니다. 그리고 이 두 경우에는 입을 열어 말을 하는 사람이 있습니다. 실제로 일어난 일 그리고 그와 동시에 말한 것을 만들어내는 것과도 같은 사람, 그 일의 창시자와도 같은 사람이 있습니다. 그는 사랑의 심판대 앞에서든 혁명 진압 세력 앞에서든 자기가 만들어낸 그대로 상황을 책임지고 자기가 입 밖에 낸 말mots의 대가를 치를 자격이 있습니다. 그 말은 말 이상이기 때문입니다. 그러나 그의 말parole이 발화 이전부터 있었던 것을 취하는 한에서만 어떤 반향을 얻었넌 섯도 사실입니다. 그렇지 않았다면 그 말은 아무 효과도 얻지 못했겠지요.

생각한다는 것, 다시 말해 말한다는 것은 들릴 듯 말 듯한 의미에 귀를 기울이고 그 의미를 왜곡시키지 않고 온전하게 분절 담론으로 전환시켜야 한다는 이 불편한 상황에 전적으로 처해 있을 겁니다. 횡설수설하기를 원하지 않는다면 그래야만 하겠지요.

나는 정신, 의식, 이성 등의 '이론들'과 끝을 보기로 결심할 때에 사유란 무엇인가에 대한(철학이란 무엇인가에 대해서도) 우리의 이해가 진전을 보리라 생각합니다. 사유는 참이 될 수 있다지만 사유가 사유하는 것과 독립되어 사유하는 어떤 실체 혹은 능력이나 기능은 없다는 한에서만 그렇습니다. 오히려 말은 후설의 말마따나 사유되는 것 자체에 직접적인 한에서 말이 주어집니다. 그럼에도 불구하고 이러한 정정correction은 사유의 지성이 이원론이나 주관론 때문에 부딪히는 궁지나 난국을 타개하고 정신이 물질보다, 주체가 대상보다 우선한다는

(혹은 그 반대의) 끝없고 지루한 논증들을 덜어주는 반면, 결코 덜할 것도 없는 또다른 난관들을 불러일으킵니다. 그 주요한 난관을 바로 지금 말해보려는데요.

어떻게 사물이 말에 이를 수 있습니까? 어떻게 분절언어가 사물, 몸짓, 얼굴, 상황 주위에 떠도는 의미를 그러모을 수 있습니까? 그렇다면 말과 그 말이 뜻하는 것 사이에 어떤 예정조화가 있어서 말의 대상은 그 조화에 따라 정체성, 일치성identité을 찾는 걸까요?

나는 우리가 분명히 짚고 가야 할 언어의 한 측면을 강조하고 싶습니다. 우리는 혼자 말하는 게 아닙니다. 설령 혼잣말을 할 때조차도 우리는 혼자가 아닙니다.

말은 소통입니다. 하지만 이 표현 자체도 새로운 편견을 잠재적으로 품고 있죠. 혹은 우리가 이미 비판했던 편견의 또다른 표명을 품고 있다고 할까요. 소통은 체계의 극極 중 하나에서 다 마련된 메시지를 전달하는 작업일 테니까요. 표현한다는 것exprimer은 양탄자를 널어 바람 쏘이듯 안에 놓여 있던 것을 바깥으로 내놓는 것일 텐

리오타르, 왜 철학을 하는가?

데요. 여러분도 실제로 소통이 그렇지가 않다는 점은 잘
알 겁니다. 살아 있는 말에 대한 우리의 경험은 사전에
만들어진 담론의 암송과 다르지요. 그것은 대화 상대에
게 초점을 맞추는 경험입니다. 대화 상대가 우리에게 던
지는 질문들에, 대화 상대로 인하여 우리 자신이 생각했
던 바, 우리 자신의 메시지 혹은 우리가 어쩌어쩌하다고
믿었던 바에 대해서 던지지 않을 수 없게 되는 질문들에
초점을 맞추는 경험이에요. 일종의 게임, 다시 말해 기호
들의 교환과 순환에 대한 경험이기도 합니다. 이 교환이
단순한 반복에 부딪히지 않으려면, 대화 상대들이 각자
의 입장에만 고착되지 않으려면, 소통이 역할의 교환까
지 포함해야 합니다. 나는 그저 나의 이성과 정념을 지닌
나 자신이어서만은 안 되고 나름의 이성과 정념을 지닌
타자도 되어야 합니다. 타자 또한 나이어야만 합니다. 따
라서 타자가 자기의 타자가 되어야 하는 거예요. 이때 우
리는 함께 하나의 말을 만듭니다. 헤라클레이토스의 말
대로 우리는 서로 전쟁을 하면서 말의 조화, 말의 통일성

을 만드는 것입니다.

나의 메시지와 타인의 메시지, 각각의 메시지를 우리들 각자의 주관성 안에 가두기 시작할 때에 소통이 가능하다는 것은 이해가 안 갈 겁니다. 그 이유는 이때 우리는 이미 다루었던 문제(침묵하는 의미가 부여된 말로 접근할 때의 문제)와 상당히 비슷한 문제를 마주하게 되기 때문입니다. 순수한 내면성, 나의 내면성의 수수께끼를 풀어야 할 겁니다. 그렇지만 말은 곧 사유이자 즉각적으로 소통입니다. 다시 말해 말 안에는 내가 나의 반대편이 될 수 있는 역량 혹은 바깥에 있을 수 있는 역량(하지만 안은 어디에 있을까요?)이 있습니다. 아동심리학자들의 관찰로 익히 알려진 바, 언어의 습득은 편재성遍在性, ubiquité의 습득과 관련이 있습니다. 아이가 놀이나 실제 가족 구성 안에서 자기 역할을 아빠 역할과 맞바꾼다든가 막내 동생, 엄마 역할을 할 수 있게 되는 바로 그때에 아이는 인칭, 시제, 문법을 활용하기 시작합니다. 다시 말해 자기가 발화하는 의미를 분명하게 말할 수 있게 된다는 뜻이지요.

사유의 질서이자 언어의 질서로 들어가면서 우리는 사회성의 질서로 들어갑니다. 우리는 어떤 체계, 즉 음성학적 기호들의 체계, 우리 문화의 언어를 갖게 되니까요. 그 체계 덕분에 침묵하는 의미는 담론으로 분명하게 진술될 수 있을 뿐 아니라 우리가 이야기해야 할 것이 타자에게로 나아가는 길을 즉각적으로 찾습니다. 아직 분절언어로 이야기되지 않은 의미가 타인과 내가 함께 속해 있는 기호들의 네트워크 속에서 자신의 단어들을 재단하기 때문입니다.

이처럼 말에 대한 고찰을 재빨리 경유해왔으니 이제 철학적 말, 말로서의 철학이 무엇인지 좀더 잘 이해할수 있을 거예요. 우리의 문제가 바로 철학적 말이 왜 필요한지를 살펴보는 것이니까요.

우리가 방금 살펴본 다양한 길들은 모두 똑같은 교차로로 통합니다. 말은 말하는 사람 자신보다 더 멀고 더 깊은 곳에서부터 오고, 말은 대화 상대들을 기호들의 동

일한 범위 속에 끌어넣으며, 말은 이미 비분절언어적인
방식으로도 아직 말해지지 않은 것에 현존하기 때문입니
다. 아마도 폴 클로델의 『시학』의 두 단락은 그 결론들의
대차대조표를 가장 잘 보여줄 겁니다.

예전에 일본에서 [내가 닛코Nikko▼에서 주젠지中禪
寺▼로 올라가는 길에 보니 상당한 간격이 있기는 해
도 단풍나무의 초록빛 가장귀와 한 그루 소나무의
조화가 내 시선을 따라서 이루어지고 있었다. 지금

▲ 닛코 시日光市. 일본 혼슈 도치기 현에 있는 시이다.
도쿄에서 북쪽으로 약 140킬로미터 떨어져 있다.
767년에 세워진 후타라산 신사와 많은 온천 등 인기
있는 관광지이다. (편집자)

▲ 주젠지는 오쿠닛코(奧日光 '닛코 안쪽')의 화산인
난타이 산男体山 기슭에 위치해 있다. 숲이 우거진
호반이 있는 아름다운 호수이다. 닛코국립공원의
일부분이다. (편집자)

여기서는 이 숲이라는 텍스트, 나무의 형태를 띠는 6월의 언표행위énonciation에 우주의 새로운 시학, 새로운 논리학으로 주석을 단다. 옛 논리학은 삼단논법을 도구로 삼았으나 새로운 논리학에는 은유, 새로운 말 그리고 서로 다른 두 사물이 동시적으로 결합하여 존재함으로써 비롯되는 작용이 있다. 옛 논리학은 절대적인 일반 명제를 출발점으로 삼아 어떤 특성, 성격을 주체에 빼도 박도 못하게 귀속시킨다. 가령 시간이나 장소를 명시하지 않고 "해가 빛난다" "삼각형의 세 각의 합은 180도다"라고 하는 식이다. 옛 논리학은 추상적인 개체들을 '정의함으로써' 그 개체들 사이에 불변의 계통을 수립한다. 그 방법이 바로 명명nomination이다. 모든 항은 일단 저지당했다가 종種과 속屬에 따라서 분류되고 하나하나 분석을 거쳐 목록화된다. 옛 논리학은 주어진 주체에 이렇게 분류된 항을 적용한다. 나는 이 논리학을 다양한 단어들의 성격과 기능을 규정하는 문

법의 첫머리 부분에 비유하겠다. 그렇게 본다면 두
번째 논리학은 문법에서 단어들을 조합하는 기술
을 가르쳐주는 통사론에 해당한다. 자연이 우리 눈
앞에서 이 논리학을 실행한다. 과학은 일반적인 것
에만 있고 창조는 개별적인 것에만 있다. 은유, 기
본적인 운율 혹은 고음과 저음의 관계가 우리 책의
페이지들에서만 작용하지는 않는다. 그러한 논리
학은 존재하는 모든 것을 구사하는 토착 기술이다.
우연을 말하지 말라. 저 소나무 숲의 모양새, 저 능
선은 이제 파르테논 신전 혹은 보석 세공인을 늙고
지치게 만들었던 다이아몬드 같다기보다는 그보다
한층 더 풍부하고 식견 높은 의도들이 빚어낸 산물
이다. 나는 지질학과 기후, 자연사와 인간사에서 오
만 가지 증거들을 끌어다 내세운다. 우리의 작품과
거기에 쓰이는 수단은 자연의 그것과 다르지 않다.
나는 어떤 것도 홀로 살아가지 않으며 모든 다른 것
들과의 무한한 관계 속에서 살아간다고 깨닫는다.]

(p. 50-52)

아무것도 완성되지 않는다[저 홀로는 말이다; 모든 것은 자기에 의해 안이 그려지고 여백에 의하여 밖이 그려진다. 마치 하나의 선이 다른 선들의 명령에 따라서 그려지듯 여백이 부재하는 형상의 지침을 준다고 하겠다. 호수가 자기 안의 백조를 타원형 하늘에 매달린 모습으로 그리고, 소의 눈이 목초지와 소를 방목하는 소녀를 그린다. 얼굴이 차츰 지성에 지배당하듯이 동이 트자 식물과 동물의 세상은 잠이 들었다. 이처럼 공통적인 주제들이 사뭇 다른 것들에 대한 성찰에 부여된다. 지구를 뒤덮은 풀과 지구에 살아가는 동물과 더불어 지표면 전체가 마치 햇빛을 감지하는 사진건판처럼 감도가 높다. 지표면은 각자가 태양이라는 광원에서 얻은 것을 '돌려주고자/표현하고자rendre' 노력하는 광대한 작업장이다.

사물이 인식되는 방법은 두 가지가 있다. 다시 말해 이 단락에서 말하고자 하는 의미에서는, 사물이 인접성 혹은 보완성을 지녀야만 연장延長 속에 채워질 수 있다는 뜻이다. 모든 사물은 더 넓은 형상 속에 자리잡고 하나의 '그림'으로 배치된다. 이것은 취해야 할 관점의 문제, 사물들이 '비롯되는' 시선을 찾아내는 문제다. 우리가 사물을 어떤 일반적 성질의 규정에 따라서 인식하는 것과 마찬가지요, 사물들이 어떤 공통 원리, 가령 바라보는 눈과 비슷한 빛에 의해서 서로 식별되는 것과 마찬가지다. 각 사물은 [누군가에게] 보인다는 필연에 복종한다. 장미나 양귀비는 태양 아래서 희거나 푸른 다른 꽃들과 식별됨으로써 붉은색을 의미한다. 자기가 기댈 근거가 없다면 초록은 일개 덩어리로만 존재할 것이다. 음계를 이루는 음표 하나하나는 다른 음표들을 요청하고 상정한다. 어떤 음도 저 혼자로서는 감성을 만족시킬 수 없다. 하나의 음은 다른 음들은 울리지 않는다는 조건에서 그러나 다른 음들이 그 음의 제자리를 정해준다는 조건에서 존재한다. 서로에 대한 인식, 서로에 대한 의무, 요컨대 세계의 서로 다른 부분들 사이의 연결은 마치 담론의 서로 다른 요소들이 독해 가능한 하나의 문장을 이루는 것과 같다. 일련의 감정과 그 감정을 표현하는 말이 있듯이 움직임들에도 구성이 있다. 우리를 둘러싼 시간이 그 증인이다. 시계와 그 톱니바퀴들이 멈출 수 없는 것과 마찬가지로.] (p. 72-75)

두번째 단락에서 특히 지적하는 것은 보편적 조화 concert의 명백한 특징입니다. 그 특징은 다음과 같은데요. 세계가 언어라면 그 안에서 각각은 의미를 갖기 위해서 다른 것들과 대립하고 다른 것들을 요청합니다. 그런데 페르디낭 드 소쉬르▶의 『일반언어학 강의』를 한번 펼쳐 보면 다음과 같은 지적들을 볼 수 있지요.

*언어langue*에는 차이밖에 없다. 뿐만 아니라 차이는 일반적으로 적극적 사항들termes positifs을 전제하며 그 적극적 사항들 사이에서 성립한다. 그러나 언어에는 적극적 사항 없이 차이들만 존재한다. 기의를 보나 기표를 보나, 언어가 내포하는 것은 언어 체계에 선행하여 존재하는 이념idées이나 소리가 아니라, 단지 언어 체계에서 나온 개념적 차이와 음향적 차이일 뿐이다. 하나의 기호가 갖는 개념idée이나 음향

◁ 소쉬르Ferdinand De Saussure, 1857~1913는 스위스의 언어학자로 근대 구조주의 언어학의 시조로 불린다. 1901~1913년까지 제네바 대학 교수를 지냈다. 인도 및 유럽의 비교언어학 분야에서 탁월한 업적을 이루었다. 언어학에서 사용되는 중요 개념 중 공시共時 언어학synchronic linguistics과 통시通時 언어학diachronic linguistics을 도입했다. 랑그(langue, 언어)를 파롤(parole, 말)에서 분리시켜 사회 습관으로 체계화된 언어(랑그)를 언어학의 대상으로 결정하고, 체계에 속하는 요소는 상호 간의 대립에 의해서 가치를 지닌다는 이론을 정립하였다. 여기에서 파롤은 개인적인 언어 사용, 개인적인 언어 스타일을 의미하고, 랑그는 개인적 발화에 의미를 부여해주고 발화 행위를 가능케 하는 추상적 체계를 의미한다. 주요 저서로 그의 사후(1916년)에 출판된 『일반언어학 강의Cours de linguistique générale』 등이 있다. (편집자)

103

적 재료보다는 그 기호의 주위에 있는 것, 즉 다른 기호들 속의 개념이나 음향적 재료가 더 중요하다.

이들[기호들] 사이에는 대립만이 있을 뿐이다.

모든 기호 체계가 다 그렇듯이 언어에서 하나의 기호를 구별해주는 요소만이 그 기호를 구성해준다. 달리 말해 언어는 형태이지 실체가 아니다.

이제 소쉬르를 열쇠 삼아 클로델을 다시 펼쳐보십시오. 클로델은 그저 모든 실재가 신이 구사하는 언어라고 말하는 겁니다.

그런데 횔덜린의 말대로 철학은 신의 침묵과 동시에, 절망의 시대에, 사물들이 이루는 다수의 통일성이 사라지는 시기에 시작됩니다. 헤라클레이토스처럼 말해보자면 차이가 협의를 그치고, 부조화가 완성을 중단하며, 전쟁이 조화를 깨뜨리는 때가 되겠지요.

이것이 철학의 역설paradoxe입니다. 철학은 세계와 인간이 더이상 말하지 않는 것처럼 보일 때 목소리를 높이는 말입니다. 철학은 욕망하는 말, 별들로부터 멀어진desiderat 말, 천체들의 침묵이 신들에게서 박탈한 말입니다.

가령 시정詩情과 종교성이 한데 얽혀 있는 클로델의 작품을 예로 들어봅시다. 그의 작품은 기호들로 완전히 가득찬 세계 속에 자리잡음으로써, 어디서나(심지어 『정오의 분할』처럼 관능이 폭발하는 작품에서조차) 주저하지 않고 하나의 동일한 말, 태초에 있었던 그 말씀을 해독해낸다는 점에서 에너지와 열광을 끌어냅니다. 그러나 철학자는 오히려 그 말씀을 찾아서 말을 하기 시작하는 사람이라고 하겠습니다. 요컨대 그는 처음부터 그 말씀을 소유하지 않았기에 결국은 소유하고 싶어하는 사람, 언제까지나 소유하는 사람입니다.

여러분은 어쨌든 신앙인, 사제, 나아가 클로델조차도 신의 의미론을 소유하지는 않는다고, 그는 위험을 무릅쓰고 기호들을 해석해야 한다고, 그 역시 신의 논리와 이어지는 규약pacte의 모든 조항을 알지는 못한다는 뜻에서 자유롭다고, 그는 실수할 수 있고 틀림없이 실수할 거라고 말하겠지요.

아마 그럴 겁니다. 하지만 그 신앙은 이미 병든 신앙이에요. 그리스도교 세계는 이미 병든 세계입니다. 그 세계에서 신의 아들은 죽음을 맞았고 여러분도 잘 알다시피 그리스도교 문화는 철학에 자리를 내어주어야 했습니다. 다시 말해 자신의 의미의 문제, (성 안셀무스 말대로) 자신의 지성에 대한 탐색에 자리를 내어준 겁니다. 그리스도교는 자신의 규약code에 방황, 다시 말해 규약의 결여마저도 통합시킬 수 있습니다.

그리고 다른 한편으로 과학은 바로 그러한 세계에서 시작될 수 있었습니다. 그런데 과학은 사물들에 대해서 정확하게 말하고 사물들로 인하여 반증되지 않는 언어langue를 만들려는 시도라 해도 지나치지 않습니다. 수학을 문법으로 삼는 이 언어의 기획은 일차적으로 완전히 비종교적인 신념을 바탕으로 합니다. 암호들은 상실되었고 사태들은 말하지 않으니 어떤 논리, 어떤 공리 체계를 새로 만들어내야 한다는 신념이죠. 정신과 사물의 대화를 재개하기 위해서가 아니라(과학은 그런 희망을 결코 품지 않았습니다) 적어도 과학자의 언표행위가 세계 속에서 말없는 보증 같은 것, 성공한 실험이 제공하는 단단한 동의를 찾게 하기 위해서 말입니다. 말해봤자 소용없겠죠. 마법사와 학자, 샤먼과 의사가 확실히 구분되는 이유는 전자가 클로델처럼 보편적 상징체계에 사로잡히고 스스로 그 체계에 속하여 그의 말은 자기 문화에 속한 사람들에게만 — 그 자신도 포함해서 — 효력을 갖는 반면(마치 우주에 질서를 부여한 말씀 자체처럼), 후자는 그러한 상징체계의 차가운 부재 외에는 무엇에도 사로잡히지 않고 오히려 우연, 우발적 사태, 무질서에 매혹당하기 때문입니다. 그는 자기가 직접 미확정적인 기호들로 질서를 만들어내야만 그런 것들을 어떤 질서, 이유나 법칙의 네트워크로 다시 흡수할 수 있다는 것을 압니다. 심지어 사태의 다수성 속에서 위축되었던 통일성에 발문을 열어수는 이론을 제창했을 때조차도 그는 그 통일성이 자기 담론의 메아리에 불과한 것은 아닐까 의심해봅니다. 과학의 탈주술화désenchantement죠. 항생제, 미사일, 정신분석의 유행 말입니다. 과학이 문외한들에게 믿음과 뒤섞인 경외심을 불러일으키는 듯 보일지라도요. 그러한 마음가짐은 종교성의 기호이자 과학의 결여를 나타내지요.

학자가 자신의 대중성을 멸시하고 외면하는 이유는 세계의 일반적인 상징체계, 일종의 종교를 구성하거나 복원할 생각이 눈곱만큼도 없기 때문입니다. 그는 침묵의 세계를 마주한 채 자기가 혼자라는 것을 압니다.

철학의 말은 신앙의 말이 아닙니다. 그 말은 과학의 말도 아닙니다. 그 말은 모든 것이 기호인 상징계 안에서, 은유의 논리 안에서 동일한 수준에 있지 않습니다. 그러나 철학의 말은 의미작용이 순전히 자기 책임이라고 인정하지 않고, 실험실의 과학자처럼 자기가 질문과 대답을 동시에 해야만 한다고 인정하지도 않습니다.

철학은 시학에 맞서서 — 이게 내가 방금 그리스도
교 세계를 두고 했던 말인데요 — 대변인에 지나지 않는
확실한 그 말이, 그럼에도 불구하고 자신이 드러내는 의
미를 만들어낸다고, 어쨌든 그 의미가 깃들 수 있는 단
어들을 찾는다고 말합니다. 어쨌든 시나이 산에 모세는
혼자 올라갔습니다. 모세가 계명이 적힌 석판을 산 위에
서 저 혼자 만들어내지 않았다고 증명할 수 있을 존재는
신밖에 없지요. 이렇게 말한다는 것은, 말에 도사린 위
험, 분절언어로 표현되지 않은 의미를 담론으로 바꾸는
conversion 능동적인 힘을 제자리에 돌려놓는 셈입니다.

그러나 다른 한편으로 과학의 공리 체계의 형식주
의에 대립하는 철학은 이러한 만용을 여전히 놀랍게 여
깁니다. 사상누각의 언어, 그런데도 사물들은 언어의 아
래에서 언어를 통해 이야기됩니다. 철학은 "우주에서 이
해되지 않는 것은 우주가 이해 가능하다는 바로 그 점이
다"라는 아인슈타인의 무구한 말을 되새김질합니다. 그
래서 철학은 너무나 추상적이고 우리와 사물 사이의 직

관과 너무나 동떨어진 듯 보이는 체계édifice가 그래도 육
체와 세계, 감각할 수 있는 것과 감각될 수 있는 것, 침묵
과 말의 근원적인 결탁에 근거하는지 과학에게 묻습니
다. 분절언어로 이루어지는 모든 대화보다 앞서는 밀담
密談에 근거하는지 묻는 것입니다. 이제 이렇게 말한다는
것은 말의 책임, 말의 진실, 이미 여기 있는 의미를 입증
하는 수동적인 힘에 제 위치를 돌려주는 셈입니다.

그리고 철학자는 이 이중의 비판 혹은 양면적인 성
찰을 자기 자신의 말에도 적용합니다. 그렇기 때문에 철
학의 말은 자기를 정의하고, 같은 이유에서 그 말이 모두
를 성가시게 하는 겁니다. 말을 하는 우리는 의미와 기
표를 결합시키기 위해서 의미의 편과 기표의 편에 동시
에 있다고 방금 전에 말했잖습니까. 철학의 말은 이 편재
성을 극단까지, 절정까지 밀어붙입니다. 철학의 말이 순
전히 자기가 말하는 바인 것은 아닙니다. 그 말은 자기가
다루는 주제들의 자율적 충동에 넘어가지 않든가, 넘어
가지 않으려고 애씁니다. 그 말은 은유를 발굴하고, 상징

을 꼼꼼하게 살피고, 자기 담론의 구성을 검증합니다. 그래서 담론은 가급적 정련된 언어를 구성하고 논리와 엄격한 공리들을 추구하게 됩니다. 그러한 논리와 공리들에 힘입어 담론이 끊어지거나 빈틈이 생기는 일 없이, 요컨대 무분별하지 않게 표명될 수 있을 테지요. 『에티카』 1부를 여는 명제는 이것입니다. "나는 자기원인이란 본질이 존재를 포함하는 것이라고 본다." 신에게 귀를 기울이십시오. 금강석으로 유리를 긁어대듯 날카로운 소리가 울리는 이 명제를 이해해보세요. 렌즈 세공인 스피노자의 모든 작품이 그렇듯 이 명제 역시 투명성에 대한 소명에 해당합니다.

  하지만 그러면서도 철학적 담론은 자기에게 속하지 않습니다. 그 담론은 자기를 장악하지 않아요. 자기도 그 점을 잘 알고, 스스로를 장악하지 않기를 열렬히 소망합니다. 만약 철학적 담론의 말verbe에 투명한 의식이 부여하고자 하는 바 외에는 아무것도 없다면 그냥 아무것도 없을걸요. 철학의 말parole은 공연이 시작되기 전의 극

장처럼, 공리 체계처럼, 다시 말해 그 어떤 것, 일반 대상
의 논리처럼 텅 비어버릴 거예요. 이렇게 되면 잠재적 의
미를 파악하고, 그 의미를 분명하게 진술하고, 다른 이들
도 공유하게끔 널리 유통시키는 그 말의 능력, 스스로에
게 울림을 갖기 때문에 타인들에게 울림을 가질 수 있는
능력, 자기가 귀 기울이기 때문에 남들에게도 경청될 수
있는 그 능력은 소멸될 겁니다. 언뜻 보기에 아무 문제도
없는 듯한 이 데카르트적인 사유의 길, 『성찰』의 그 길에
서 우리가 균열, 불연속성, 사계절의 채광을 가로막는 그
림자 들을 하나하나 살펴볼 필요는 없겠지요. 명백한 의
미의 빈틈들에 걸쳐 있는, 장악되지 않은 잠재적 의미가
있습니다. 그 의미는 부분들을 분할하고 분리시키는 동
시에 함께 모읍니다. 어쨌든 데카르트 자신은 또 뭐라고
말합니까? 그는 두번째 성찰에서 코기토를 탄탄하게 확
증해놓고 세번째 성찰에서 이 절대적인 버팀목 또한 신
이라는 또다른 버팀목에 기대고 있음을 인정합니다. 그
렇다면 "나는 생각한다"라고 말할 때 우리는 우리의 사유

안에 사유하는 신, 이드ça/id를 말하는 걸까요? 철학의 말
은 오늘날 무슨 꿈 이야기처럼, 이드가 하는 말처럼 들릴
수 있습니다. 설령 그 말은 완전한 엄정함을, 눈을 똑바
로 뜨기를 바란다고 해도 말입니다. 그렇기 때문에 형이
상학 체계의 시대는 이미 지나갔습니다.

　　알아두십시오, 여러분이 철학에 모든 것을 요구한
다면 답을 얻지 못할 겁니다. 아이에게도 엄마가 더는 모
든 것에 답이 되지 못하는 때가 있게 마련이죠. 철학자들
이 아무리 말을 해도 그 말은 우리가 철학자들에게 요구
하는 것 이상과 이하를 동시에 담고 있습니다. 철학자들
이 제공하는 담론은 미완으로 남기 때문에, 결코 완결되
거나 그 자체로 충분한 것이 될 수 없기에 우리의 요구에
미치지 못합니다. 마치 각 단어가 차츰 다른 모든 단어들
만을 참조하게 하는 사전을 만드는 것 같다고 할까요. 하
지만 철학자는 이 기호들의 연쇄, 이런 식의 원형 무한 재
귀가 언어에 대한 최초의 접근을 상정한다는 것을 잊지
않습니다. 단어들의 흐름을 파악하려면 우리는 아직 말

해지지 않은 우리의 모든 경험과 함께 이미 그 흐름 안
에 들어와 있어야 하는 거죠. 그리고 철학자는 이 말한 것
속에 현존하는 말하지 않은 것non-dit이야말로 모든 규정
définition에 앞서는 자신의 진실이라는 것을 압니다. 하지
만 철학적인 말은 자기가 전한다고 생각하는 것 이상을
담고 있기도 합니다. 그 말이 자기가 원했던 것보다 더 많
은 소리를 운반하기 때문에, 숨겨진 의미들siginifications을
지칭하지 않으면서도 드러내기 때문에 그리고 철학에 귀
기울이는 사람들은 시인이나 몽상가에게 귀 기울이는 사
람들에 비견할 만하기 때문에 그렇습니다.

철학의 말이 명시적으로 겨냥하는 진리, 그 진리가
그 말에는 없습니다. 철학의 말은 자기가 말하는 것에서
빗나가 있을 때에, 빗겨나서 말할 때에 참된 것입니다.
그 말과 진리의 관계를 생각하면서 우리는 뒤 벨레가 12
세기에 쓴 소네트 모음집 『올리브 *L'Olive*』의 한 구절을 인
용할 수 있겠습니다.

내게는 어둠이 밝고 빛이 어둡네.

나 그대의 것이니 내 것이 될 수 없고 [⋯]

얻기 원하나 요청할 수 없네.

저 늙은 아이, 맹목적이고 벌거벗은 궁수▼ 는

그렇게 나를 상처 입히고 고쳐주려 하지 않네.

철학의 말은 욕망을 포착하지 않습니다. 오히려 벌거벗은 늙은 아이가 그 말에게도 주인인 격이죠.

강연을 시작하면서 우리는 욕망이 철학으로 반영된다고 했습니다. 이 반성/반영, 이 재연이 말 덕분에 가능하다는 것을 우리는 압니다. 좀더 정확하게는 자기가 말해야 할 것에 끌려가는 동시에 끌려가지 않는 말 덕분이지요. 마치 알키비아데스의 욕망을 받아들이면서도 그 욕망에 문제를 제기하는 소크라테스처럼 말입니다. 반성

▲ 사랑의 신 에로스를 가리킨다. (옮긴이)

은, 미리 준비된 말일지라도, 철학자가 욕망의 법칙, 궁수의 맹목과 상처, 세계가 우리를 에워싸는 유년기를 면하게 하지 못합니다. 부재와 현존의 대립, 다수의 항들에게서 일어나는 운동, 우리는 그것들을 말의 한가운데서 되찾습니다. 한편에는 자신의 충실한 의미를 좇아가는 담론의 전개développement가 있습니다. 말의 의미작용의 빈곤(페니아)이지요. 다른 한편에는 의미 안에서의 말의 포장enveloppement이 있습니다. 이것은 의미작용의 과잉, 말의 여력이지요. 환상처럼 딱 떨어지는 체계, 단어들로 욕망이 제기하는 질문에 답해서 철학적 말이 되는 게 아닙니다. 모든 말이 그렇듯, 가장 파악하기를 원하는 바로 그때도 자신이 파악 당한다는 것을 알기 때문에 철학적 말인 거예요.

욕망은 철학의 말에 반영됨으로써 스스로를 의미작용의 '지나침'과 '모자람'으로 인식합니다. 그게 바로 모든 말의 법칙이지요.

"왜 철학을 하는가?"

오늘 우리는 그 질문에 또다른 질문으로 답할 수 있
겠습니다.

"왜 말하는가?"

그리고 우리는 이렇게 말하는 겁니다.

"말하기를 원하는 것과 말할 수 없는 것이란 무엇
인가?"

4. 철학과 행동에 대하여

오늘로 마무리되는 네 차례의 강의 가운데 첫째 강의는 철학이 다른 여느 것과 마찬가지로 욕망에 속하고, 철학도 어떤 '단순한' 정념 외의 다른 성격을 지니지 않으며 다만 그 욕망, 그 정념은 자기를 향해 있고 자신을 돌아본다는 얘기를 했습니다. 요컨대 그 욕망은 자기를 욕망합니다.

두번째 강의에서는 철학의 기원을 찾기 원하는 시도는 다소 허망하다는 얘기를 했지요. 우리가 시달리는 결핍, 철학을 야기하는 결핍, 다시 말해 통일성의 상실은 옛날 얘기가 아니라 지금도 여전히 유효합니다. 그 상실이 끊임없이 반복되고 있다는 얘기예요. 이렇듯 철학은 자기를 기원으로 삼고 철학은 그런 점에서 역사입니다.

세번째 강의는 철학의 말은 무엇인가를 살펴보았습니다. 우리는 요컨대 이 말은 일관되고 충족적인 담론으로 완결될 수 없다는 결론을 내렸습니다(사전의 예를 들어 그러한 불가능성을 설명하기도 했고요). 하지만 철학의 말은 언제나 하고 싶은 말을 충분히 하지 못하므로 자기가 말하려는 바에 미치지 못하는 동시에 너무 많은 말을 하기 때문에 말하려는 바를 넘어서기도 합니다. 그리고 그 말은 그런 점을 잘 압니다.

이제 이상의 내용을 한데 모아보자면 철학한다는 것은 아무 소용도 없고 어디에도 다다르지 못한다고 결론 내리지 않을 수 없을 겁니다. 철학은 결코 최종적인 définitives 결론을 내놓지 않는 담론이기 때문에, 자신의 기원, 즉 결코 채울 수 없는 결핍을 무한정indéfiniment 질질 끌고 가는 욕망이기 때문에 그렇습니다. 철학자는 말을 방편 삼아 사는 영원한 가난뱅이죠. 그래서 여러분에게 뭔가 가르쳐줄 수 있는 다른 학자들에 비해서 철학자는 참 딱해 보입니다. 철학한다는 것이 무슨 소용이 있을 수 있을까요? 우리는 그렇게 자문합니다. 기원전 399년의 어느 날▼ 아테네 법정에서 일어난 웅성거림에 따르면

▲ 소크라테스가 사형선고를 받은 날을 가리킨다.
(옮긴이)

철학은 아무짝에도 쓸모가 없다고 합니다. 게다가 그 웅성거림이 철학자에 대한 규탄이었지요. 철학자를 사형에 처했으니까요.

　　지금 시대에 선진국에서 철학자를 사형시키는 경우는 없습니다. 최소한 사약을 큰 사발로 마시게 하는 경우는 없어요. 그러나 철학자를 독살하지 않고 다른 방법을 써서 철학을 죽일 수는 있습니다. 철학자가 여기에, 자신의 결핍을 그대로 안고서 사회에 임하지 못하게 방해할 수 있잖아요. 가령 소크라테스가 그랬던 것처럼 철학자가 종교의식의 주재자를 불러서 순진무구하게 신앙이란 무엇인가를 묻지 못하게 방해할 수 있다는 말입니다. 철학자가 어떤 일을 못하게 할 수도 있고, 부자 냄새 나는 개발의 노래 속에서 철학자의 부재가 너무 큰 소음이나 불협화음을 일으키지 않는 선에서 철학자를 외딴 곳에 쫓아보낼 수도 있겠지요. 요컨대 철학자는 밖에서, 문간에서 세계를 해석할 것이요, 그 때문에 세상이 난처할 일은 없습니다. 이따금 이 유폐된 되새김질에서 한두

가지 '사상'이 튀어나올 수도 있겠지요. 그러한 사상들
은 능란하고 참을성 많은 기술 인력이 사물들 그리고 무
엇보다 인간들을 변화시키는 도구로 잘 옮겨낸다면 꽤나
유용할 수도 있을 겁니다.

여러분도 그런 사상을 알고 있지요. 젊은 날의 마
르크스가 1845년경에 집필한 『포이어바흐에 대한 테제』
11번 말입니다. 여기에 "철학자들은 세계를 여러 가지 방
식으로 해석하기만 했다. 중요한 것은 세계를 변화시키
는 것이다"라는 말이 나오지요. 나는 철학의 무력, 무능,
무효의 실제 범위를 숙고하기에 좋은 출발점이 마르크
스의 이 테제 안에 있다고 생각합니다. 젊은 날의 마르크
스의 강경한 표현에도 불구하고, 우리는 사정이 그리 단
순하지 않다는 점을 곧 알게 될 겁니다. 마르크스와 진짜
마르크스주의를 거스르기는커녕 오히려 그것들에 힘입
어 이해하게 될 거예요. 한쪽에서 말하고 다른 쪽에서 행
동하는 사람들은 없다는 것을.

지난주에 말하기dire가 말해지는 것ce qui est dit을 변

화시킨다고 했지요? 또 여러분도 알다시피, 하고 싶은 일을 모르면서 행동할 수는 없습니다. 다시 말해, 말하지 않고는, 자기 자신과 함께든 타자들과 함께든 논의하지 않고는 행동할 수 없습니다. 그래서 당장 철학과 행동을 접촉시킬 두 가지 이유가 생기죠. 하지만 일단 말하기dire 와 행하기faire가 서로를 잠식하는 이 양상을 좀더 심도 깊게 살펴보도록 합시다.

마르크스주의에는 굉장히 결정적이고 급진적으로 철학을 비판하는 면이 있습니다. 이 비판의 급진적 성격은 마르크스가 철학의 중요성을 아주 제대로 보았다는 그 사실에서 비롯됩니다. 그는 철학을 정말로 진중하게 생각했고 철학을 요설로 치부하는 정도로 만족하지 않았습니다. 우리가 방금 봤듯이 마르크스는 철학이 현실과 분리된 성찰, 요컨대 그냥 삶에서 떨어져나온 정신적 삶이라는 것을 보여주었고, 나아가 그 독자적인 성찰에도 현실, 실제 인간들의 고민, 현실적인 사회의 문제가 무의식적으로 깃들어 있음을 보여주었습니다. 마르크스주의가 이데올로기라고 부르는 것은 (철학이 바로 이데올로 기의 첫째가는 반열에 들지요) 그저 현실에 대한 자율적 표상이 아닙니다. 철학자, 사상가가 저 혼자 칩거해서 저 혼자 흥분해봤자 결국 인류는 크게 이득도 없고 크게 잃 는 것도 없이 철학자들이라고 하는 저 정신 나간 수다쟁 이들과 함께 역사 속에서 나아가겠지요. 아무렴요, 마르 크스는 헤겔의 가르침을 멸시하지 않았습니다. 그는 거 짓된 입장에서의 내용이 그 자체로 거짓은 아니지만 반 드시 그 내용이 고립되고 절대적인 것으로 받아들여질 때에만 혹은 반대로 그 내용이 자기와 분리되었던 것과 합쳐질 때에만 어떤 계기, 전진하는 진리의 한 요소로 보 일 수 있음을 결코 잊지 않았습니다.

그래서 거짓된 의식, 심지어 극도로 정교한 철학적 반성 같은 이데올로기조차도 마르크스주의적인 의미에 서 나름의 근거가 있습니다. 가령 플로티노스나 칸트의 사상도 말입니다. 그런 이데올로기도 그 뿌리, 그 문제의 식 자체는 이 현실에 담그고 있습니다. 비록 이데올로기

의 꼭대기, 그 절정은 완전히 현실과 어긋나 있는 것처럼
보일지라도요.

예를 들어 데카르트 철학에서 칸트 철학까지를 살
펴보면 인간과 세계에 대한 생각에서 자유가 점점 더 중
심을 차지하게 되는 듯 보입니다. 이론에서 점점 더 결정
적인 개념이 된 거예요. 그 이유는 실제로도 하나의 흐름
이 생겨나고 점점 세력을 넓히다가 프랑스대혁명과 그
이후 유럽을 뒤덮었기 때문이죠. 인간과 사회의 신세계
가 자신의 실현을 방해하는 구세계 속에서 잉태되고 있
었고, 그 신세계는 자유에 대한 철학적 문제의식 속에서
자신의 고유한 욕망의 가능한 표현을 찾았습니다. 예로
부터 다 마련되어 있던 표현이 아니라(예를 들어 그리스
철학에서 자유는 주된 주제가 아니었습니다) 오히려 일
종의 이데올로기적 집합소라고 할까요. 그 안에 이 흐름,
이 신세계가 들어앉아 자신의 열망들을 내려놓을 수 있
었던 거죠. 그리고 현실에서 이 흐름이 탄압 당하고 실제
욕망이 직접 표명되지는 못하니까, 쉽게 말해 이 욕망,

이 흐름은 사람과 사물을 자기 뜻대로 조직할 권력을 잡지 못했기 때문에 다른 방식으로 자신을 이야기하고, 다른 모습으로 변장하고, 현실의 다른 영역에서 권력 다툼을 벌인 겁니다. 그런데 이데올로기가 있고, 철학이 있잖아요.

말 나온 김에 한마디 하자면, 이러한 생각은 프로이트의 생각과 매우 흡사합니다. 그러한 생각이 거짓된 것, 미혹된 것에 부여하는 입장이 흡사하지요. 사실 프로이트 또한, 적어도 우리가 얼핏 이해하기에는(아마 피상적이겠습니다만), 리비도, 충동이 현실의 조건들과 빚어내는 갈등, 특히 아이가 엄마를 보호, 절대적 안전, 모든 것에 대한 답으로 보려는 경향과 엄마를 자기 것으로 삼을 수 없다는 금지(상상적으로라도 엄마와 결혼할 수는 없다는 금지) 사이의 갈등이 바로 이러한 '이데올로기'를 불러옵니다. 분석적인 의미에서의 이데올로기는 꿈, 신경증, 나아가 승화의 환상들입니다.

이때부터 철학에 대한 마르크스주의의 비판은 심

도 깊은 것이 됩니다. 붉은색 벽을 보고 초록색이라고 언술하는 판단은 거짓이라고 한다면, 철학은 그런 의미에서의 거짓은 아닙니다.

철학은 이 세계의 것, 오로지 이 세계에만 속하는 것을 또하나의 세계, '형이상학적' 세계로 옮겨놓는다는 점에서, (프로이트 식으로 말하자면) 승화시킨다는 점에서 거짓입니다.

따라서 이데올로기의 진실은 분명히 있습니다. 그 진실은 자기 시대의 현실적인 문제의식에 호응하지요. 그러나 이데올로기의 거짓됨은 그 문제의식에 대한 화답, 실제 사람들의 문제를 일깨우고 확립하는 방식 자체가 현실 세계에서 벗어나 있어서 실제 문제들을 해결하지 못한다는 데 있습니다.

철학을 이데올로기로 특징짓는 이 비판은 아주 근본적인 비판이라 하겠습니다. 결국 철학적 물음들은 철학의 물음들이라기보다 다른 언어로 옮겨 적고 코딩한 현실의 물음들이기 때문에 철학에 고유한 차원은 없다는

뜻이니까요. 그 언어는 다르기 때문에 미혹하는 것이자
미혹된 것입니다. 철학의 현실성은 오로지 *현실의 비현*
*실성*에서 나온다고 말할 수 있을지도 모르겠네요. 철학
은 현실에서 체험되는 결핍에서 비롯됩니다. 다른 것에
대한 욕망, 사회에서 이루어지고 있는 사람들 사이의 다
른 관계 조직에 대한 욕망이 낡은 사회적 형식들을 뛰어
넘지 못하는 데서 철학의 현실성이 나와요. 인간 세계가
(마르크스에게 이 인간 세계는 개인의 세계인 동시에 개
인과 개인 사이의 세계, 사회적 세계입니다) 실제로 결핍
에 시달리기 때문에, 그 안에 욕망이 있기 때문에, 그 결
핍 속에 철학은 비인간적인 세계, 형이상학의 세계, 다른
세상, 내세 따위를 건설할 수 있습니다.

마르크스가 철학으로 속임수를 쓰지 않는다는 것
을 알겠지요. 그는 철학을 가장 근본적인 심급, 즉 욕망
의 심급에서 이해하고 철학을 욕망이 낳은 딸로서 보여
줍니다.

다만 마르크스는 그러한 자기 입장 때문에 철학이

본질적으로 무력하다는 점도 드러내고 말았지요. 마르크스의 관점에서 보면, 철학은 자신의 고유한 목적을 추구합니다. 철학은 자신의 기원에 있는 결핍에 말로써 결정적인 답을 주고 싶어하지요(지나가는 말로 언급해두자면, 철학을 완전하고 충분한 담론에 대한 추정처럼 평가하는 이 태도는 헤겔이 마르크스에게 끼친 영향을 보여줍니다. 헤겔은 참된 것은 전체Tout요, 절대적인 것은 본질적으로 결과Résultat, 다시 말해 최종적으로 진리 안에 있다고 보았습니다). 마르크스도 그렇고 헤겔도 그렇고, 철학은 철학의 죽음을, 자신의 가장 진정한 정념을 추구합니다. 사실, 철학의 죽음이란 더이상 철학할 필요가 없다는 뜻이겠지요. 이제 철학할 필요가 없다면 철학하는 욕구의 근간에 있는 결핍이 다 채워졌다는 의미, 욕망이 충족됐다는 표시일 테고요. 하지만 철학을 마르크스적인 의미에서의 이데올로기로 받아들이면 철학의 종말을 선언할 수가 없어요. 철학이 인간 현실 속의 결핍에서 나왔는데, 그 결핍을 지지대 삼고 말을 통해서 그 결핍을 채워보려 애쓰는데, 철학이 끝날 수가 있겠습니까. 철학은 이데올로기니까, 다시 말해 소외된 것이기 때문에 철학적인 말이 현실의 결핍을 채워줄 수는 없습니다. 철학은 중심에서 비껴나서, 저 너머에서, 다른 곳에서 말을 하니까요. 그래서야 개인이 현실에서 맞닥뜨리는 문제들을 조화롭게 구성해낸 꿈으로 해결하려는 셈이지요.

　　따라서 "이제 세계를 변화시키는 것이 중요하다"는 말은 더는 꿈꾸지 않아도 되게끔 ― 나는 '철학을 하지 않아도 되게끔'이라고 하고 싶군요 ― 현실을 수정하고 삶을 바꿔야 한다는 뜻입니다. 밤의 잠에 푹 빠진 분리된 세계가 아니라 우리 모두가 공유하는 한낮의 이 세계에서 우리 자신을 소유해야만 합니다. 바로 그때 우리는 눈을 똑바로 뜨고 새롭거나 순진무구한 시선을 던지고, 우리 자신이 똑바로 설 수 있습니다. 다른 곳의 어둠 속에서 잠든 철학자가 이 현실주의적인 요구에 대해서 무엇을 할 수 있습니까?

　　하지만 지금은 마르크스 당사자와 지난 100년간의

역사, 즉 마르크스주의의 흔적이 깊게 남아 있는 역사를 생각하면서 그가 제안하는 이 한낮의 행동으로 시선을 돌려봅시다. 『포이어바흐에 대한 테제』 11번이 더는 기다릴 수 없는 사정의 분노와 조급함을 들어 촉구하는 '세계의 변화'로 시선을 돌려봅시다.

　　마르크스주의자로서는 실천, 즉 현실을 바꾸는 행동이 아무 행동이나 다 되는 건 아니라는 말을 맨 먼저 하고 가야 합니다. 당연한 얘기지만 짚고 넘어갈 가치는 충분하지요. 모든 행위가 실제로 행위 대상을 변화시키지는 않잖아요. 거짓 행동들, 겉보기에는 효력이 있는 것 같고 뭔가 즉각적인 결과도 불러오지만 정말로 사정을 바꾸지는 못하는 행동들이 있습니다. 흔히 말하는 의미에서의 정치인, 정치 지도자는 이런저런 약속이나 회의로 늘 수첩이 빼곡하게 차 있고, 사무실에 전화 네 대는 기본이고, 한꺼번에 세 통의 편지를 구술하며 받아 적게 합니다. 그는 유창한 웅변으로 홀에 가득찬 청중을 들었다 놨다 하고 그 사람 말에 2만 명쯤은 왔다갔다하지요.

하지만 꼭 그런 사람이 현실을 변화시키는 사람인 것은 아닙니다. 그냥 존재하는 것을 유지하는 사람, 사물들을 보존하는 사람, 옛날식의 인간관계를 지키는 사람일 수도 있고, 사물들이 충돌하지 않게끔 주의하면서, 다시 말해 그런 것들이 발전됨으로써 정말로 변할 수 있다고 받아들이지 않으면서 사물들을 발전시키거나 발전에 도움을 주는 사람일 수도 있습니다(마치 아이가 잘 자라기를 바라면서도 그 애가 어른이 되면 더이상 예전의 자기 아이가 아니라는 핑계로 아이가 어른이 되는 것을 허용치 않는 어머니와 비슷하다고 할까요).

　이런 유의 활동들은 보수적이든 혁신적이든 상관없이 변화를 낳는 행동과 동떨어져 있습니다. 마르크스의 명제가 말하는 변화를 낳는 행동은 (우리가 이 문제를 바라보는 관점, 즉 철학과 행동의 관계라는 관점에서는) 허위의식, 철학, 이데올로기 일반을 가능케 하는 것을 파괴하든가 그러한 파괴에 이바지하기라도 해야 합니다. 이데올로기라는 미망迷妄을 낳는 결핍을 실제로 채우는 행동이라야 한다는 거죠.

그럼, 그 같은 변화는 어떤 것입니까? 마르크스에게(그리고 돌이킬 수 없는 한 세기 동안 마르크스주의를 표방하는 실천을 지켜보았다는 점에서 마르크스보다 유리한 고지에 있는 우리에게) 행동은 단순한 일, 순수한 활동 따위가 아닙니다.

세계를 바꾼다는 것이 아무 일이나 하면 된다는 뜻이겠습니까. 세계를 바꿔야 한다면 그 이유는 다른 것을 향한 열망이 세계 속에 있기 때문이요, 세계에 부족한 그것이 이미 있기 때문이요, 자기 자신에 대한 세계의 부재가 현존하기 때문입니다. 저 유명한 문장도 단지 그런 뜻일 뿐입니다. "인류는 자기가 해결할 수 있는 문제들만 제기한다." 마르크스주의자들이 지칭하는 현실 속의 경향들tendances이 없다면 어떤 변화도 가능하지 않을 겁니다. 전에 우리가 말parole에 대해서도 얘기했습니다만, 만약 그렇다면 모든 게 허용되겠지요. 뭐든지 말해도 될 뿐 아니라 뭐든지 해도 될 겁니다. 세계가 바뀌어야 한다면 그 이유는 세계가 이미 변하고 있기 때문입니다. 미래를 예고하고 내다보고 촉구하는 뭔가가 현재에 있기 때문이에요. 인류는 그저 어느 주어진 한때의 존재 양상, 심리 사회적 조사 연구로 정확히 그려낼 수 있는 것이 아닙니다(그래서 이런 유의 재현 연구는 늘 빈곤한 클리셰들로 우리를 한없이 실망시키곤 하지요). 인류는 아직 인류가 아닌 것, 자신이 막연하게나마 장차 되고자 애쓰는 바로 그것이기도 합니다.

지난 강의에서 써먹었던 용어들을 동원해서 설명해보자면 의미는 이미 사물들, 인간관계들 속에서 어슬렁대고 있습니다. 세계를 실질적으로 바꾼다는 것은 그 의미를 해방시키고 전권을 부여하는 것입니다.

여러분은 이제 말하기와 행하기의 근본적인 유비 관계를 감지할 수 있겠지요. 말하기가 침묵 어린 잠재적 의미작용, "말없는 소통의 파도에 쓸려가는"(메를로-퐁티의 표현) 의미작용을 그러모아 분절된 담론으로 세운다고 했잖아요. 그리고 현존하는 동시에 부재하는 이 의미작용이 말이라는 옮겨 적기transcription에 온전한 책임, 오류의 위험을 부여할 뿐 아니라 참된 것이 될 수 있는 가능성까지 부여한다고 했습니다.

그런데 행동, 즉 세계의 변화에도 동일한 문제는 제기됩니다. 현실의 잠재적 의미는 무엇일까요? 열망은 무엇이고, 욕망은 무엇일까요? 어떻게 그러한 의미 혹은 욕망을 표현해야만 그것이 작용할 수 있고 권력을 잡을 수 있을까요?

변화를 낳는 행동에는 말mot의 진정한 의미에 대한 '이론', 즉 위험을 무릅쓰고 감히 "이런 일이 일어나고 있구나, 이렇게 되어가는구나"라고 하는 말, 그저 사태에서 출발해서 적어도 그것ça을 담론으로 조직하기 시작하는 말이 반드시 있습니다. 현실의 욕망을 실제로 욕망하는 말, 혹은 현실과 동일한 욕망을 욕망하는 말은 반드시 있습니다.

마르크스는 "사유가 실현에 이르는 것으로는 충분치 않고 현실이 사유에 이르러야 한다"(『헤겔 법철학 비판 서설』)고 했습니다. 현실이 사유를 추구할 때에만, 세계가 말을 추구할 때에만 사유와 말은 참될 수 있습니다.

따라서 세계를 변화시키는 행동만이 행동이라는 이름을 얻기에 부끄럽지 않다고 한다면 그러한 행동은 이 역설적인 수동성의 힘을 전제하고 그 힘에서 잠재적 보증을 얻는다고 하겠습니다. 우리가 지난번에 읽었던 키츠의 편지가 말하는 수동적 힘 말입니다. 주려면 받아야 하고, 말하려면 들어야 하며, 변화시키려면 수용해야 합니다. 그리스인들이 괜히 동일한 단어▼로 수용하는 행동과 말하는 행동을 모두 지칭했던 게 아니죠.

흔히 하는 말마따나 '행동으로 뛰어든다고' 그러한 필연을 피해갈 수 있는 건 아닙니다. 오히려 헤라클레이토스가 말한 그 채무의 법칙을 더욱더 피하기 어려워지죠. 그 법칙 때문에 말, 타인과의 관계, 나의 신체적 존재

▲ 그리스어 동사 'λέγω'를 가리킨다. (옮긴이)

로서의 행동은 교환échange이 됩니다. 우리 시대 특유의 맹목이 아니고서는, 우리 문명이 그랬듯 행동한다는 말의 의미 자체를 섬뜩하게 날조하지 않고서는, 행동과 조종, 행동과 정복을 혼동하려야 혼동할 수가 없습니다. 그래도 마르크스는 행한다는 것이 그저 수용하고 끌려가는 것이기도 하다는 것을, 그 수동성이 정말로 막대한 에너지를 요구한다는 것을 알고 있었습니다. 그러나 그의 후계자라는 사람들은 마르크스의 말을 입에 달고 다니면서도 그 점을 까맣게 잊어버렸습니다.

철학에 대한 마르크스의 비판에서 조금도 벗어나지 않고 분석을 여기까지 밀어붙였으니 세계를 변화시키는 행동에 대한 물음을 실제 양상 그대로 제기할 수 있겠습니다. 우리가 현실을 잘 읽어내고 말고는 어떻게 알 수 있을까요? 변화 작업의 기초로 삼을 열망, 경향이 정말로 세계에 영향을 주는 열망, 경향일까요?

이데올로기를 비판한 이상, 마르크스주의에 계명이나 계시 따위가 없음은 분명할 겁니다.

다른 세상에서 이미 나온 말, 내세가 정해놓은 법을 믿을 수는 없습니다. 그런 것은 사물들의 근간에서 나올 텐데, 우리가 전에도 말했지만 결국 그런 근간은 누구에게도 없거든요. 마르크스는 이렇게 생각했습니다. 그리스도교인 자신이 영원부터 기록된 말씀이라고 믿었던 율법을 다시 만들어내야만 한다면 그는 그 법을 다시 써야 한다고, 오히려 일상의 선택지들, 자기와의 관계, 타자와의 관계, 떠맡아야 할 것과 거부해야 할 것을 통해서 자기가 법을 써야만 한다고 말입니다. 그리스도교인들이 그 증거를 보여줄 겁니다. 그리스도교인들이라고 해서 다른 사람들보다 토론과 협의를 덜하지도 않고 위원회나 종교회의를 덜 소집하지도 않습니다. 그렇기 때문에 율법의 절대적 초월성은 있는 그대로 체험되지 않으며 엄밀한 의미에서 실제 삶으로 구현되지 않습니다.

결국 역사와 사회의 장, 생성 중에 있는 사람들의 관계라는 영역에 어떤 기록된 법이 있어서 역사의 의미, 사회의 의미를 결정하지는 않는다는 말입니다. 역사와 행동의 철학을 지배했고 지금도 지배하고 있는 이념, 딱 잘라 말해 형이상학적 관념을 버려야 합니다. 서로 다른 입장과 리듬을 바탕으로 전개되는 사회들의 무질서, 갈등, 계급투쟁, 이 모든 것이 해결과 혁명으로 나아갑니다. 강물이 바다로 흘러가듯 자기 자신의 종말/목적fin을 향해 갑니다. 역사의 의미를 — 자기가 그 역사의 담지자이자 임자가 될 텐데 — 논하는 방법으로 눈에 보이는 무질서를 해독하고 실재의 질서를 나타나게 할 수는 없습니다. 요컨대, 확실하고 틀림없는 정치를 할 수는 없다는 얘깁니다. 오류 없는 정치는 없습니다. 아무것도 확실하지 않아요.

행동의 오류가능성에 대해서 마르크스주의에는 매우 훌륭한 근거가 적어도 하나는 있습니다. 그 근거가 철학과 행동의 관계를 좀더 가까이서 바라보게 해주기 때문에 우리는 깊이 숙고해보아야 합니다. 자, 그 근거란 이겁니다. 세계가 변화를 요구한다면, 그건 도래하기를 바라는 의미가 실제로 존재하기 때문입니다. 그러나 그 의미가 정말로 도래를 요구하는 이유는 그러한 도래가 사실 어떤 식으로든 방해받고 있기 때문입니다.

　이해를 도울 겸 조금 다른 얘기를 해볼까 합니다. 우리 시대의 사유와 행동 방식에 커다란 반향을 일으켰고 지금도 그 울림이 적지 않은 책이 한 권 있는데요(프랑스어 제목은 '사이버네틱스와 사회'로 나왔지요).▼ 노버트 위너는 이 책에서 학자의 진정한 세계관은 마니교적 이원론일 수 없고 아우구스티누스적인 것이라고 했습니다.

　위너가 하려는 말은 다음과 같습니다.

　세계의 암흑(세계의 불투명성, 불가지성, 무질서)은 부정으로서, 흰색(밝음, 이성 등)의 부재로서 단

▲ 원제는 *The Human Use of Human Beings*, 한국어본은 텍스트 출판사에서 나온 『인간의 인간적 활용』이다. (옮긴이)

순히 환원될 수 있다. [아우구스티누스가 바로 이
런 생각을 했지요. 원칙적으로는 악, 오류 따위의
자율적 원리가 존재하는 게 아닙니다. 이어서 위너
는 이렇게 말합니다.] 마니교에서는 흑과 백이 대
립 관계에 있는 두 군대에 속한다고 본다. 여기서
흑과 백은 각기 자기 진영에서 서로를 상대로 싸우
는 것이다.

사실, 물리적 세계가 협의된 저항으로 그 세계를 이
해하려는 노력에 맞서지는 않습니다. 학자를 골탕 먹이
고 무릎 꿇게 하려고 그 세계가 일부러 자신의 의미를 감
추거나 하진 않잖아요. 그렇지만 사회, 역사, 정치(즉 인
간 공동체의 문제)가 사안이 될 때에도 마니교적 이원론
을 거부하는 것이 옳을까요? 내가 적과 맞서고 그쪽도 나
를 꺾으려고 수작을 부린다는 견해를 거부하는 게 맞을
까요? 마르크스의 문제의식을 다시 한번 문자 그대로 되
새겨봅시다. 『공산당 선언』 서문에서 말하듯 유령에 사

로잡힌 사회, 결핍에 시달리면서 어떤 의미를 잉태한 사
회는 왜 의미 작용의 폭력 없이는 출산에 이를 수 없을까
요? 왜 사회는 자기가 품은 것을 명쾌하게 말하지 못할까
요? 방해를 받으니까 그런 것 아니겠어요? 결국 정렬한
군대, 사회의 열망에 맞서는 적이 떡 버티고 있다는 얘기
아닙니까? 그 열망을 의도적으로 단호하게 억압하고자
힘쓰는 진영이 있다는 거죠.

하지만 이렇게 얘기하는 게 전부가 아닙니다. 마르
크스주의가 위너가 생각했던 것처럼 소박한 이원론도 아
니고요. 마르크스는 체스 말들을 두 편으로 정렬해놓고
체스 시합을 막 시작할 때처럼 두 편이 딱 떨어지게 나뉘
지는 않는다는 것을, 오히려 시합이 웬만큼 무르익어서
말들이 이리저리 파고들어 보완과 방해 관계를 동시에
이루고 있다는 것을 알고 있었어요. 다시 말해, 적은 밖
에 있지 않고 안에 들어와 있습니다.

통찰력을 최대한으로 발휘해서 이 '안'이라는 말을
이해해야 합니다. 적은 나의 사유 그 자체 안에 있습니다.

    사회계급들의 형태로 나타나는 사회가 이론과 단절되는 것은 실천, 즉 사회관계의 조용한 변화가 이론과 단절된다는 뜻입니다.

    현실의 해석, 사회가 정말로 욕망하는 것의 발화에 대한 이해, 다시 말해 혁명 이론 그 자체도 마르크스주의가 보기에는 실천과 단절되어 있는 게 정상입니다. 혁명 이론은 마르크스가 지배 관념이라고 불렀던 것, 지배 계급의 관념에 조금씩 지속적으로 포위당합니다. 이론과 실천의 관계는 이렇듯 끊임없이 오류와 미혹에 노출되어 있습니다. 결과적으로 마르크스의 경우에는 말parole이 순수하게, 혹은 순진하게 자신을 필요로 하는 것에 부응하지 않습니다. 말은 모순을 통해서[말을 하되 대항하거나 모순을 일으키면서] 필요로 하는 것에 부응하거든요. 그는 사회를 활성화하는 다른 것, 절대적 결핍을 향한 운동이 프롤레타리아트 계급으로 구현된다고 보았습니다. "그 계급에게 특수한 잘못을 저질렀다기보다는 잘못 그 자체를 저질렀기 때문에" 결핍이자 운동으로서의 프롤레타리아트는 언어langage와 분절, 이론과 조직화에 자발적으로 접근할 수 없습니다. 이 욕망, 이 암묵적인 의미와 욕망에 대한 욕망, 명시적인 의미 사이에서 프롤레타리아트는 자기가 빠져 있는 무질서와 분리를 효과적으로 해결하고자 존재해야만 합니다. 그래서 말, 이론, 조직의 책임과 위험이 있습니다. 말, 이론, 조직은 원칙적으로 일단 욕망에서 분리되고 프롤레타리아트에게서 고립되어 있으나 자신의 결핍을 성찰하기 위하여 그 결핍과 화합해야만 합니다.

우리는 언제나 참에 준거해 있습니다. 우리를 둘러싸고, 우리들의 사이와 우리 안에도 있는 사물들과 세계 속에서 잠재적 의미는 말을 잠식하고, 분절되는 의미를 지탱하고, 그 의미를 이끕니다. 그러나 어떤 간격이 우리가 말할 수 있는 것 너머, 우리의 '의식' 너머에 전적인 현실을 잡아놓기 때문에 우리는 참에 거하지 않습니다. 사유는 행동이라는 관점에서 ── 꼭 그런 관점이 아니더라도 늘 그렇지만 ── 이미 사유된 것, 이미 수립된 분절화에 진입하는 것이 아니라 일단 기표와 기의를 분리하는 모든 것과의 투쟁, 욕망이 말하지 못하게 방해하는 모든 것과의 투쟁입니다(특히 우리가 살아가는 이 시대는 더욱더 그렇습니다). 말과 권력은 이 투쟁의 수단이고요.

여러분은 마르크스주의가 마니교적 이원론과 아주 딴판이라는 것을 알았습니다. 이론은 (일단 마르크스주의부터도) 이데올로기라는 사회적이고 역사적인 입장에 끊임없이 잠식당합니다. 마니교도들의 말대로 왜곡 trahison에 끊임없이 위협을 당해서가 아니라 안에서부터 이미 사유된 것으로 곤두박질하고, 수립된 것으로 퇴락하기 때문입니다. 자본주의는 우리가 '진영' 운운하지만 사실 그러한 진영이 아닙니다. 자본주의는 사람들과 그들이 하는 일 사이에, 인간과 타자들 사이에 그리고 인간과 그의 사유 사이에 스며드는 불투명성입니다. 정립된 마르크스주의, 혁명적이라고 자처하는 양심 안에서 루카치가 말했던 물화物化, réification로서의 자본주의를 감지하기란 그리 어렵지 않을 겁니다.

우리는 질문했습니다. 철학이 어떤 사안도 마무리하지 못하고 어떤 체계도 완성하지 못한다고 제 입으로고백하는 판국에, 엄밀히 말해서 철학은 아무데도 이르지 못한다는데, 철학을 한다는 것이 무슨 쓸모가 있습니까?

이제 우리는 이렇게 대답합니다. 여러분은 욕망, 현존-부재의 법칙, 채무의 법칙을 빠져나갈 수는 없습니다. 어떤 피난처도 찾을 수 없을 것이며 행동은 안식처가되기에 어림없습니다. 행동은 그 어떤 명상보다 더 노골적으로 여러분을 이야기되어야 하는 것, 행해져야 하는것을 명명할 책임과 맞닥뜨리게 할 겁니다. 다시 말해,여러분이 영향을 미치고자 하는 세계 안에서의 잠재적의미작용을 위험을 무릅쓰고서라도 기록하고 듣고 옮겨적을 책임을 느끼게 될 거예요.

세계에 귀를 기울임으로써만 세계를 변화시킬 수있습니다. 철학이 노후한 장식품, 양갓집 규수의 소일거리처럼 보일 수도 있습니다(철학은 초음속 비행기를 만들어내지 못하기 때문에, 방구석에 처박혀 끙끙대는 철학에게 관심을 두는 사람은 거의 없기 때문에). 철학은 그런 것일 수 있고, 실제로 그렇기도 합니다. 그래도 철학이 현실 속의 욕망이 자기 자신에게로 향하는 바로 그 순간이라는 점, 혹은 그런 순간일 수 있다는 점은 변치 않습니다. 우리가 개인으로서나 집단으로서나 겪는 결핍이 명명되는 동시에 변화되는 순간 말입니다.

　　하지만 우리가 결국 그 결핍을 더이상 느끼지 못하게 될까요? 우리가 언제, 어떻게 철학과 볼일을 끝내는지 철학이 가르쳐줄까요? 아니면 철학이 그 결핍이 우리의 법칙이라는 것을 안다면, 모든 현존이 부재를 바탕으로 주어진다는 것을 안다면 — 오늘날 철학은 그렇게 알고 있는 듯 보입니다만 — 절망하고 우둔해지는 것도 마땅하지 않습니까? 하지만 어리석음을 피난처로 삼을 수도 없을 겁니다. 원하는 사람이 무식한 건 아니니까요. 그러자면 소통과 교환을 거부해야 할 겁니다. 절대적인 침묵을 고수해야 할 겁니다. 그런데 세상은 이미 막연한 방식으로라도 말을 하기 때문에 절대적인 침묵 따위는 없습니다. 그리고 여러분은 계속해서 적어도 꿈은 꿀 겁니다. 더는 아무것도 듣고 싶지 않을 때에는 그게 이미 너무 많은 말입니다.

철학을 하는 이유는 바로 이겁니다. 욕망이 있기 때문에, 현존 속에 부재가 있기 때문에, 생체 안에 죽음이 있기 때문에, 또한 아직 권력이 아닌 우리의 권력이 있기 때문에, 우리가 얻었다고 생각했던 것이 소외되고 상실됨으로써 사태와 행위, 말해진 것과 말하기 사이가 벌어지고 말았기 때문에 그리고 마지막으로 우리는 말을 통하여 결핍의 현존을 증명하지 않을 수 없기 때문에.

사실 말해서, 어떻게 철학을 하지 않을 수 있답니까?

철학과 행동에 대하여

해제

리오타르에
대하여

코린 에노도

철학은 지혜나 앎을 욕망하지 않는다. 우리에게 진리나 바람직한 행실을 가르쳐주지 않는다. 혹자는 철학은 아무도 번거롭게 하지 않고 철학이 뭐고 존재가 뭔지 저 홀로 묻다 지치는 것이라고 할지도 모르겠다. 잘하면 철학이 어쩌다 가끔 최상의 부富를 개발하기에 유용한 생각 혹은 전혀 다른 사회 체계에 대한 꿈, 그것도 아니면 위안이라는 형이상학적 아편을 제공할 것이다. 철학자들은 인류가 별다른 유익도 없이 역사의 흐름 속에 흘려보내는 말 많은 미치광이들일 것이다. 그들은 세계를 해석할 수 있지만 그저 문간에 머물 뿐, 결코 세계를 변화시키지는 않을 것이다. 따라서 세계의 얼굴이 전혀 변하지 않았건만 철학자들의 담론은 중단되거나 침묵에 빠질 수 있다. 더욱이 사실 그 담론은 상실에 대한 이상한 집착, 즉 인간의 모든 활동을 망치고 소외시키는 상실을 놓지 않으려는 욕망, 빈곤으로 인한 죽음이 삶에 독침을 꽂는데도 그 빈곤을 놓아버리지 못하는 욕망만을 유일한 가닥으로 삼지 않는가. 그래서 우리는 장-프랑수아 리오타르가 1964년에 그랬듯이 지금 '왜 철학을 하는가'라는 의문을 제기할 수 있었다. 여전히 철학을 하는 동기, 의미들의 틈새 속으로, 어차피 유치하다고 여겨질 순진함 속으로 또다시 새롭게 휩쓸려 들어갈 이유로는 어떤 것이 있었을까? 이 질문은 수사학적인 것으로 보일 수 있다. 이 질문은 자기-준거적이다auto-référentiel. 질문의 발화 자체가 사실상 발화된 문제에 대한 대답을 주기 때문이다. 또다시 철학에 수고를 기울일 가치가 있을까 자문하는 순간, 우리는 이미 철학하기 시작한다는 뜻이다. 중단을 격정하면서도 말해야만 하는 것이 언어 자체의 몫이라면 각성과 생명의 몫은 그들이 우려하는 '생체 안에서의in vivo' 잠과 죽음을 부인하는 것이다. 우리가 상실의 위협 속에서 말하고 행동하고 살아가기 때문에 부재가 현존하고 현존은 부재로 인하여 움푹 꺼져들어가는 이 악순환에서 벗어나지 못할 것이다. 나가떨어지기 위해서 말 없는 소여, 결핍 없는 충만, 꿈 없는 잠을 원하는 자는 야만적인 자가 아니라고 리오타르는 말하기 때문이다. 따라

서 우리는 "우리의 말로써 결핍의 현존에 대한 증언"을
피할 수 없기 때문에, 오직 그 이유만으로도 철학을 할
것이다.

　『아우구스티누스의 고백』을 완성하지 못한 채
1998년에 사망한 철학자는 아마 의미를 구성하는 그 미
완만을 관심에 두었으리라. 그러한 미완이야말로 사유의
칼이자 상처, 그에게는 불에 덴 상처이자 노잣돈이었다.
『담론들, 형태 *Discours, Figure*』는 결론 내리기에 대한 거부
를 선언했고 『분쟁 *Le Différend*』은 역사에 생경한 번호들을
붙여서 단락들의 연속성을 제거했다. 리오타르의 책들은
한 권 한 권 모두 대상에 있어서, 글쓰기에 있어서, 다른
책들과의 간격에 있어서 분리disjonction를 나타낸다. 1964
년부터 그는 철학의 씨앗은 그 씨앗의 부재에 사로잡힌
나머지 다른 사람들에게까지 감염시킬 수 있는 역설적인
에너지를 찾을 때에만, 요컨대 다른 사람들이 '부채의 법
칙', 청산 불가능한 채무를 수긍하게 되어야만 전파될 수
있다고 확신했다. 씨앗을 심는 것은 작품이지만 리오타

르의 경우에는 강경한 가르침이, 또한 질문, 설파, 투쟁이 떼려야 뗄 수 없이 한 덩어리가 되는 참여engagement가 작품에 뒤따라나오고 수반될 터였다. 의미작용으로서의 실체성의 비약이나 결핍에 주의를 기울인다는 것 자체가, 말에 구멍을 내는 것은 사물들보다는 타자들이고, 그 타자들에 의하여 사회적 전체성에 통일성이 결여되고 대립이 의미의 통일성을 조각냄을 이미 가정한다. 타자들이 없다면 결핍이 현실에서 논쟁을 흐리고 행위를 방해하며 정념을 속임으로써 사람들의 세상 꼴을 만들지도 없을 것이며, 그 세계가 말을 소환하여 자신의 결핍을 되돌아보지도, 즉 철학하지도 않을 것이다. 그러나 철학이 단지 빈틈을 채우는 것일 뿐이라면 얼마든지 비-인간적인 세계를, 조화로운 형이상학적 몽상을 구축할 수 있다. 이때

◀ 장-프랑수아 리오타르의 박사 논문이자 1971년에 발표한 첫번째 주저. (옮긴이)

철학은 어떤 절대적인 로고스Logos, 자신이 통합한 것과 역설적이게도 분리되어 있는 보이지 않는 전체Tout의 신기루에 갇혀버린다. 리오타르는 이데올로기가 바로 그런 것에 불과하다고, 이데올로기는 자율적이기 때문에 더욱 더 공언하기 좋은 관념들의 체계라고 보았다. 이데올로기가 자신을 낳은 바로 그 결여를 승화하고 여기 아닌 다른 곳을, 저 너머를 말한다. 이것이 모든 형이상학, 아니 체계의 충만으로 빈곤한 정신들을 채워주고자 하는 모든 이론을 — 마르크스주의는 그렇게 생각할 것이다 — 불러온다. '실천과의 단절', 이는 혁명을 겨냥하는 대신에 실체를 논하는 것이 아니라 혁명과 실체를 두 개의 답으로 만드는 것, 목표가 처음부터 있고 의미는 언제나 아무 구애를 받지 않는다고, 의미가 어디서 와서 어디로 가는지 안다고 주장하는 것이다. 왜냐하면 의미를 발화하는 목소리는 이제 소리 없는 반목을 더이상 파악하지 못하지만 그럼에도 의미는 그 반목 속에서 자기 자신을 찾기 때문이다. 설파는 — 신앙이나 과학은 어떨지 모르지만 최소한 철학을 설파한다는 것은 — 자기와 타자들에게 던지는 질문들이 없으면 아무것도 아니다. '수동성의 역설적인 힘paradoxal pouvoir de passivité' — 리오타르의 저서에서 반복적으로 등장하는 주제 — 이 행사되는 결여를 함께 주고받지 않는 한, 철학을 가르친다는 것은 아무것도 아니다. 그 힘이 세계가 말parole에 끌려가게 하고, 현실이 그림이 되기에 무엇이 부족한지, 또한 그림이 현실이 되기에는 무엇이 부족한지 말하게dire 한다.

리오타르는 1984년에 낭테르에서 말했던 것처럼 (이 강연은 『어린이에게 알려주는 근대 이후 Le Postmoderne expliquéaux enfants』라는 제목으로 출간되었다) 학생과 청중이 배운 것을 잊는 법을 배우지 않는 한 자신에게서 아무것도 배울 수 없음을 가르치면서 이런 식의 가르침을 폈을 것이다. 그러나 1964년에 마흔 살이었던 리오타르는 자기가 이미 배웠다고 생각했던 것을 잊어야만 했다. 그는 투쟁의 정통성에서 벗어나야만 했다. 그 투쟁적인 정통성은 형이상학을 잊어버리게 해주었지만 혁명과 그

로 인한 역사의 해소résolution를 소망하는 법을 가르쳐주
었다. 짓눌려 있지만 분명히 입증되는 상실 — 착취라는
'자기 안의 오류' 혹은 절대적 결핍 — 에 대한 상실 없이
혁명의 목적론을 놓아버린다는 것은 '예'와 '아니오', 현
존과 부재의 애매한 언어에 대해서 말한다는 것, 다시 말
해 프로이트로 마르크스주의를 교정하고, 충동의 양가성
으로 역사적 유물론을 교정하며, 욕망의 불확실성으로
사회적 화해를 교정한다는 것이다. 요컨대 마르크스의
음성에 헤겔의 전체화totalisation가 앗아갔던 힘, 분리를 말
하는 힘을 돌려주는 셈이다. 사회의 사회 자체에 대한 분
리, 세계와 정신의 분리, 현실과 의미의 분리. 그것은 프
로이트에 따르면 사랑과 그 대상의 분리, 남성과 여성의
분리, 유년과 언어의 분리이기도 하다. 이 모든 분할들이
1964년에는 '대립들'로 명명되었고 『담론들, 형태』에서
부터는 '차이들'에 유리하게끔 여과되었으며, 나중에는
타협 불가능한 '분쟁들'로 첨예화되었다. 그러한 분할은
여전히 임금노동자와 자본 사이에 있지만 유대교와 그리

스도교 사이에도, 그러면서도 전혀 다른 양상으로 존재
한다. '유년'은 여전히 그 이름을 간직할 것이다. 그 유년
의 이름으로 리오타르는 말parole을 무너뜨리면서도 여전
히 말을 요구하는 과격한 충격에 대한 사유를 30년 넘도
록 이어갔다.

　　당시 1964년에는 어디서부터 손대야 할지도 모르
면서 다시 시작해야 했다. 유년은 인간에게 "흐름-벗어
남dé-cours▼, 그의 위협적이고도 가능한 편류dérive"(1984
년에 리오타르가 한 말)이기 때문이다. 리오타르는 "마
르크스와 프로이트에서부터 출발하는 편류"를 시작했다.
그는 그 편류를 타는 중에en cours 있었다. 자신의 여정중
에, 철학을 만들어가는 중에 있었다. 소르본 대학에서 학

　▲ décours는 달의 이지러짐, 어떤 기세가 약화되는
양상을 가리킨다. dé-cours는 어떤 완성으로 나아가는
진행이나 흐름에서 벗어남, 즉 아래의 'en cours'의 역에
해당하는 의미로 읽을 수 있다. (옮긴이)

생들을 가르치는 한편 '사회주의 혹은 야만'과 (한동안) 투쟁을 이어나갔던 '노동자의 힘'에 참여함으로써, 1954 년에 '크세주' 문고판으로 발표한 『현상학』, 프로이트를 읽는 법을 배웠던 라캉 세미나, 언어학에 입문하는 계기가 되었던 퀼리올리 세미나를 거치면서 말이다. 이 모든 것들의 한가운데서 그는 자기에게나 다른 사람들에게나 통일성의 상실이 더욱 깊어지는 것을, 완결성에 대한 애도를 학생들이 감지할 수 있게 하려고 했고 여기에 철학의 책임을 정초하고자 했다.

모순적인 정념이 철학적 담론에 활기를 불어넣었다. 절대적으로 고립되어 있고 싶다는 욕망과 자제하지 않고 결함 있는 상태 그대로 세계 속에 깊이 들어와 있는 말parole로서 남겠다는 서원이 공존했던 탓이다. 철학을 가르친다는 것은 이 애매성ambiguité의 실행이다. 그러나 철학의 '수업 과정, 흐름cours'도 하나의 흐름이고 그 흐름이 대화자들이 저마다의 이야기와 질문을 갖고 있는 한 복판에서부터 시작할 때에만 그 실행은 실망스러울 것이

요, 실망스럽기 때문에 교훈적일 것이다. 따라서 그 수업
은 학업 과정 바깥에, 계보학 바깥에 있다. 세계 안에 있
지도 않고 세계 밖에 있지도 않고 그저 세계에, 리오타르
의 말마따나 어떤 것이 침투하도록 내버려두면서도 판단
가능한 간격을 둘 수 있는 바로 그 거리에 있다. 세계, 다
시 말해 인간 세계와 끈질기게 현존하는 세계의 결핍에
대한 이 '감내성passibilité'(1987년의 용어)▼이 없다면 가
르침은 금은 세공술을 과시하는 것에 불과하다. 그러한
기술은 분명 감탄할 만하지만 관건을 놓친 셈이다. 그 관
건은 욕망과 책임 사이의 긴장을 전제한다. "철학에는 특
수한 욕망이 없습니다. [⋯] 욕망이 아무라도 취하듯 철

▲ 리오타르가 강조하는 '수동성의 역설적인 힘'과
연결되는 용어로 볼 수 있다. '감동'이라는 단어는
이 개념의 어원적 수동성passion을 나타내기가
어렵고, '감수성'이라는 용어를 쓸 수도 있지만
'sensibilité'와 구분하기 위해서 '감내성'이라는
역어를 선택했다. (감수자)

학을 취하는 거예요." 리오타르는 이 말에 덧붙여 철학과 모든 인간 활동은 자신을 사로잡는 도약으로 돌아온다고 했다. 그러나 철학이 욕망에 대한 이 성찰에 만족한다면 사유는 여전히 제 빚을 다 갚지 못하는 셈이 될 것이다.

프로이트에게 정신분석은 학문이자 임상이었듯이 1964년 당시의 리오타르에게 철학은 곧 실천praxis이기도 했다. 중요한 것은 화해하기 위해서가 아니라 스스로를 정당화하기 위해서 사회생활에 빠져 있는 바로 그것이다. 마르크스가 프롤레타리아트라는 이름으로 그 구조를 보여준 바 있는 '절대적 결핍'이 아무리 참을 수 없는 것이라 해도 어쩔 수 없다. 기존의 마르크스주의가 주장하는 바와는 달리, 그러한 결핍이 곧 '사회가 실제로 욕망하는 것'을 뜻하지는 않는다. 따라서 그 욕망의 불투명성을 인정해주고, 욕망의 침묵을 자주 접하며, 암묵적이고 잠재적인 의미를 감히 명시적으로 설명해보아야 한다. 의미는 이미 거기에, 사람과 사람 사이의 관계들 속에 어슬렁거리고 있다. 리오타르가 네 개의 강연 중 마지막 강

연을 '철학과 행동'에 할애한 이유도 결핍의 국면에 대한
철학의 책임은 세계에 대한 정치의 빚과 떼려야 뗄 수 없
기 때문이다. 철학의 책임과 정치의 빚은 침묵을 말로 변
화시키고 수동적 태도를 행동으로 변화시켜야 하는 무모
한 도박을 함께 떠받친다.

　　여기에 동시적인 두 가지 신념이 있다. 하나는 메
를로-퐁티를 통하여 후설에게서부터 전해 내려오는 신
념, 즉 철학이 말없는 경험을 철학에 고유한 의미의 표현
으로까지 이끈다는 신념이다. 또하나는 철학이 세계의
변화를 돕기 위해서만 세계를 해석한다는, 마르크스에
게서부터 전해 내려오는 신념이다. 두 신념은 말을 다루
는 세번째 강연, 행동을 다루는 네번째 강연에서 차례차
례 주제로 등극했다. 첫번째 강연은 라캉을 통해서 프로
이트를 계승하려는 바람, 즉 현존과의 모든 관계는 부재
를 바탕으로 이루어진다는 생각을 계승하려는 바람을 담
았다. 한편 두번째 강연은 말에 대한 욕망과 행동을 조목
조목 다룬다. 여기서 통일성의 상실과 철학의 노력이라

는, 다시 시작하는 역사를 통한 상실의 보전을 구상한다. "왜 철학을 하는가?"라는 질문에 대한 처리는 질서 있게 제시되며 다음과 같이 전개된다. 철학을 하는 이유는 욕망하기 때문이고 욕망은 자기의 움직임을 의문시하면서 더욱 배가된다. 이 같은 성찰의 이유는 통일성 그 자체를 잊게 하는 근원적인 실종 때문이 아니라 역사의 전개에 있어서 현실과 의미의 결합이 언제나 달아나고 새로이 시도되다가 또다시 상실되기를 반복하기 때문에 통일성을 잃게 되는 까닭이다. 그렇다고는 해도 우리가 말을 하지 않는다면 철학을 하지 않을 것이고, 우리가 아무 말도 할 수 없다면, 세계의 침묵이 담론을 횡설수설 헛소리로 만들거나 세계에 내재하는 로고스가 이미 모든 것을 말해서 말들mots이 반복밖에 될 수 없다면 우리는 말을 하지 않을 것이다. 철학자를 말하게 만들고 이미 존재하는 의미, 담론을 미완으로 둠으로써 참되게 하는 누락적인 의미를 보여주는 "수동적인 힘"을 부여하는 것은 "세계가 우리에게 에너지를 투입하는 유년기", 철학자가 포착

한 상처다. 세계가 우리를 잠식하기 때문에 말은 세계를 표현함으로써, 또한 행동은 세계를 변화시킴으로써 세계를 침해할 수 있다. 우리는 세계에 노출되어 있기에 철학을 하고 "이야기되어야 하는 것과 행하게 되는 것을 명명할 책임"이 있다

철학을 한다는 것이 채울 수 없으면서 입증만 하는 결핍에 속수무책으로 당하는 것이라면, 가르친다는 것이 자기도 이해하지 못하는 것을 명쾌하게 하는 거라면, 여기서 교훈은 역설의 사용에서까지도 위엄 넘친다. 실제로 여기서 삶의 영역들 사이의 경계, 학문 분과들 사이의 경계를 방법적으로 위반함으로써 존재와 부재 사이의 보이지 않는 경계를 중심으로 욕망, 시간, 말, 행동을 연결할 수 있게 되기 때문이다. 7년 후에 이 교훈의 연장선상에 있는 듯한 『담론들, 형태』가 주제로 삼을 파열éclatement을 아는 이에게, 1964년의 틀이 아직도 너무 행복한 욕망, 너무 육체적인 말, 너무 통일된 시간, 너무 열광적인 행동을 낳는다는 것을 아는 이에게는 너무 위엄 넘치는

교훈일 것이다. 삶에서 떠나지 않는 죽음은 조만간 더이상 결핍 속에 적응하지 못하고 잠재적 의미에 대한 믿음 속에 자기를 가두다가 '형태성figural'의 구조 상실을 통해서 혹은 '분쟁 자체'를 확인하는 숨 막힌 목소리를 통해서 더욱더 확연해질 것이다. 장차 어떤 재검토들이 일어나든지 그 재검토들은 미리부터 정당화된다. "한 명 이상의 철학자들이 ― 플라톤부터가 그렇거니와 칸트 혹은 후설이 ― 생의 흐름 속에서 그러한 비판을 수행했고, 자신의 사유를 되돌아보고 해체해서 새로 만들었으며, 작품의 진정한 통일성은 구성된 체계, 다시 찾은 통일성에 대한 자기만족이 아니라 오히려 통일성의 상실에서 비롯된 욕망에 있다는 증거를 제시했기 때문이다." 새로운 시작은 여기서 이야기된 것과는 달리 결코 원점에서부터 시작하지 않고 순진함은 터무니없는 서원일 뿐이지만 리오타르는 훗날 그 점을 혁명에 대한 관념 자체에서 보여줄 것이다. 리오타르와 역사학자들의 논쟁, 시간에 대한 반복적 분석은 (어떤 역사든) 역사를 이야기한다는 것에 대하여 인간은 위협적인 사슬 풀림déchainement과 억압적인 사슬 묶임enchainement의 쳇바퀴에 머물러 있음을 말할 것이다. 아마도 철학은 여기서 자기의 말이 살펴야 할 것, 자기의 규칙이 찾아야 할 것 그리고 리오타르가 여기서 말하는 대로 '모두를 자극할' 것을 발견할 것이다.

코린 에노도

장-프랑수아 리오타르와 첫번째 부인
사이에서 태어난 딸이다. 장송 드 사이이
고등학교와 앙리 4세 고등학교에서
고등사범학교 준비반 철학교사를
맡고 있으며 2001년부터 2007년까지
국제철학학교 프로그램을 총괄했다.

리오타르,
왜 철학을 하는가?

초판 1쇄 발행 | 2015년 7월 24일
초판 2쇄 발행 | 2020년 7월 12일

지은이. 장-프랑수아 리오타르
옮긴이. 이세진
감수자. 이성근

펴낸이. 윤동희

편집. 윤동희 김민채
디자인. 이정민
제작처. 교보피앤비

펴낸곳. (주)북노마드
출판등록. 2011년 12월 28일 제406-2011-000152호

주소. 08012 서울특별시 양천구 목동서로 280 1층 102호
전화. 02-322-2905
팩스. 02-326-2905
전자우편. booknomad@naver.com
인스타그램. @booknomadbooks

ISBN. 979-11-86561-07-2 03100

이 도서의 국립중앙도서관 출판예정도서목록(CIP)은 서지정보유통지원시스템 홈페이지(http://seoji.nl.go.kr)와
국가자료공동목록시스템(http://www.nl.go.kr/kolisnet)에서 이용하실 수 있습니다.
(CIP 제어번호: CIP 2015019117)

www.booknomad.co.kr

북노마드